煤矿企业安全应急管理系统构建与评价研究

戚宏亮 ◎ 著

企业管理出版社

图书在版编目（CIP）数据

煤矿企业安全应急管理系统构建与评价研究 / 戚宏亮著.
— 北京：企业管理出版社，2024.4
ISBN 978-7-5164-3036-1

Ⅰ.①煤… Ⅱ.①戚… Ⅲ.①煤矿企业—安全管理—研究—中国 Ⅳ.① F426.21

中国国家版本馆 CIP 数据核字（2024）第 028304 号

书　　名：	煤矿企业安全应急管理系统构建与评价研究	
书　　号：	ISBN 978-7-5164-3036-1	
作　　者：	戚宏亮	
策　　划：	寇俊玲	
责任编辑：	寇俊玲	
出版发行：	企业管理出版社	
经　　销：	新华书店	
地　　址：	北京市海淀区紫竹院南路17号	**邮编：** 100048
网　　址：	http://www.emph.cn	**电子信箱：** 1142937578@qq.com
电　　话：	编辑部（010）68701408　发行部（010）68701816	
印　　刷：	北京亿友创新科技发展有限公司	
版　　次：	2024年5月第1版	
印　　次：	2024年5月第1次印刷	
开　　本：	710毫米 × 1000毫米　1/16	
印　　张：	9印张	
字　　数：	150千字	
定　　价：	68.00元	

版权所有　翻印必究　·　印装有误　负责调换

本书是以下项目资助的研究成果：

广东海洋大学科研启动经费资助项目
"大安全大应急框架下企业安全生产应急管理动态能力评价研究"（YJR23006）

前　言

我国能源战略指导思想从保供给为主转向控制消费总量，由于资源禀赋原因，煤炭依然是我国的重要能源，基础地位不可替代。煤炭仍将是我国能源安全的稳定器和压舱石，"十四五"期间，我国年度煤炭需求量仍在40亿吨左右，根据国情，在相当长的一段时间内，煤炭依然要发挥主体能源作用。但是，我国煤矿安全生产形势依然严峻，稍有不慎，便可能引发重大事故，因此，煤矿应急管理一直是安全生产工作的重中之重。

本书以煤矿企业安全应急管理系统的构建与评价为研究重点，共分为七个部分。

第一章，绪论。阐述研究背景和意义，综述突发事件应急管理、应急协同、应急能力、应急管理系统和煤矿应急管理的国内外研究现状，并进行述评，明确目前研究的程度，找到研究方向，基于协同的角度，确定研究内容、研究方法及创新点。

第二章，相关理论综述。从事故致因理论、安全应急管理理论、系统论、协同论、可拓学等几个方面进行论述。在事故致因理论中，应急管理水平也是煤矿事故主要致因要素之一。在安全应急管理理论中，从应急管理含义、过程和关键因素等几个方面阐述国内外学者的主要研究成果，重点区别安全管理与应急管理；在系统论的论述中，从系统的概念、构成要素、系统分析和评价等方面阐述国内外的研究；在协同论的论述中，从协同概念和特点、协同作用原理和分析等方面进行阐述。

第三章，我国煤矿事故和安全应急管理现状分析。更加科学地对煤矿安全应急管理系统进行构建与评价，首先分析煤矿事故的含义和分类，以及煤矿事故发展演化机理。其次，分析2003-2020年事故现状与趋势，并借鉴了国外发达国家的应急管理经验。最后总结我国煤矿应急管理的现状和问题，为下文的分析提供现实基础。

第四章，基于协同的煤矿应急管理系统构建。分析煤矿应急管理系统的含义，明确系统目标，总结系统的构成要素，按照三维结构分析法，从时间维、功能维和知识维三个方面展开研究，提出煤矿应急管理系统结构模型，从定性和定量研究两个方面来对子系统进行详细的内容架构，对区域煤矿应急管理系统的内在关系及构成进行阐述。

第五章，煤矿应急管理系统协同度评价模型及实证研究。构建煤矿协同度评价模型，并以黑龙江省为区域做了实证研究，首先，全面分析煤矿应急管理系统协同内涵、机理及内容。其次，建立系统协同度评价模型（SCEMS模型）。最后，通过计算得到黑龙江省区煤矿近五年的协同度，数值显示系统的协同度逐年提高。深入分析系统要素的变化，结合实际分析协同的薄弱环节，通过分析提出对策，为提高基于协同煤矿应急管理系统的结构与功能提供依据。

第六章，煤矿应急管理能力评价。首先分析了煤矿应急管理能力的内涵、影响因素和构建原则，构建了煤矿应急管理能力评价指标体系。其次针对实例的评价结果提出改进措施。

第七章，结论与展望。首先明确煤矿应急管理系统概念的界定，在分析煤矿应急管理存在问题基础上，本研究利用三维结构分析，提出煤矿应急管理系统是由组织、决策、过程和资源四个子系统构成，并对子系统进行内容设计，贯穿应急管理预防、准备、响应和恢复四个阶段，通过省区、市区和矿区三个层面予以影响与实现系统目标，系统协同可以提高应急管理能力。其次构建煤矿事故应急能力评价指标，并对评价指标进行了定量化分析。

咸宏亮
2024年2月

目 录

第一章 绪论
    1.1 选题背景及意义 / 002
    1.2 国内外研究现状综述 / 005
    1.3 研究内容和方法 / 011
    1.4 本章小结 / 012

第二章 相关理论综述
    2.1 事故致因理论 / 014
    2.2 应急管理理论 / 016
    2.3 系统理论 / 024
    2.4 协同学 / 028
    2.5 可拓理论概述 / 030
    2.6 本章小结 / 032

第三章 我国煤矿事故和安全应急管理现状分析
    3.1 煤矿事故的含义、特点和分类 / 034
    3.2 煤矿事故的发展演化机理分析 / 036

3.3 我国煤矿2003—2020年事故现状分析与趋势 / 037

3.4 国外应急管理现状及经验借鉴 / 041

3.5 我国煤矿应急管理存在的主要问题 / 044

3.6 本章小结 / 046

第四章　基于协同的煤矿应急管理系统构建

4.1 煤矿应急管理系统分析 / 048

4.2 煤矿应急管理系统内容架构 / 052

4.3 煤矿区域应急管理系统概念与结构模型 / 072

4.4 本章小结 / 078

第五章　煤矿应急管理系统协同度评价模型及实证研究

5.1 煤矿应急管理系统协同度评价模型构建 / 080

5.2 煤矿应急管理系统协同度评价指标体系构建 / 083

5.3 省区煤矿应急管理系统协同度实证研究 / 090

5.4 本章小结 / 098

第六章　煤矿应急管理能力评价

6.1 煤矿应急能力指标体系的建立 / 100

6.2 熵权可拓理论模型的建立 / 108

6.3 A煤矿应急能力评价的实例分析 / 110

6.4 本章小结 / 126

第七章　结论与展望

7.1 研究结论 / 128

7.2 创新点 / 129

7.3 研究展望 / 129

参考文献 / 131

ced6ab2-fc1d-4823-95d5-b78a5d82f617
第一章

绪论

1.1 选题背景及意义

1.1.1 问题的提出

我国煤炭资源储量丰富，探明储量约 1145 亿吨，煤炭作为我国基础能源的主体地位在未来 30~50 年内都不会动摇。据专家预测，到 2030 年，煤炭在我国能源结构中的比重依然高达 50% 以上。随着煤炭行业高质量发展，煤矿安全是发展的保障，煤矿的安全应急管理对整个企业正常运转起着举足轻重的作用。在大安全大应急框架下，中国应急管理研究呈现以下最新发展趋势：

（1）数字化转型。随着云计算、大数据、人工智能等技术的不断发展，应急管理正在逐步实现数字化转型。在预警监测、应急指挥、救援处置等方面，数字化技术可以提高应急管理的响应速度和准确性，提供更加透明和可靠的协作平台，提升应急救援的效率和效果。

（2）智能化升级。智能化技术正在逐步渗透应急管理的各个环节，包括智能化预警、智能化指挥、智能化救援等。通过智能化升级，可以更好地实现资源的优化配置，提高应急管理的响应速度和效率，智慧应急成为应急管理的新方向。

（3）精细化治理。随着复杂社会问题的增多，应急管理面临着越来越大的挑战。精细化治理成为应急管理研究的一个重要方向，通过安全生产监察监管，可以更好地满足应急需求，提高应急管理的效能。

（4）协同化发展。在应急管理中，协同化发展至关重要。政府、企业、社会组织等各方需要协同合作，共同应对突发事件。打破应急管理主体间沟通不畅的壁垒，建立高效的数据搜集和分析预警平台，提高应急管理的协同效率，分析突发事件的苗头和发展态势，将事故隐患控制在萌芽之中。

近年来，我国政府和煤矿企业在安全生产应急管理方面做了大量的工作，煤矿安全管理水平不断提高，应急救援卓有成效，我国煤炭企业安全生产形势总体稳定向好，2018年以来的5年，矿山事故起数、死亡人数由上一个5年的年均890起、1323人下降至年均460起、614人，分别下降48.3%和53.6%，其中矿山重特大事故起数、死亡人数由上一个5年的年均11.6起、181人下降至年均3.8起、64人，分别下降67.2%和64.6%，安全生产事故实现了"双降"。但是，我国煤矿安全生产形势依然严峻复杂，在中国的煤矿中，95%属于地下开采，地质条件是复杂的，煤矿事故具有复杂性、长期性、突发性和反复性等特点，我们要时刻保持高度重视，安全风险随着开采深度的增加而增加，煤矿事故中瓦斯爆炸、冲击地压、矿井水灾、矿井火灾等时有发生，煤矿事故对个人生命和财产安全造成严重损害，给国家也带来巨大损失。最近几年，随着自媒体技术的发展，人们对事故灾难的关注度提高，社会的期望也越来越高，企业必须提高安全生产应急管理的科学性。目前，在煤矿应急管理中还存在一系列问题，主要有几方面：一是应急管理认识简单化。应急管理重在预防，但是，现实中人们往往以偏概全，认为应急管理就是应急救援，重处置、轻预防，重处理、轻管理。总结众多矿难事故有一个共同原因，事发企业在预防和预警方面都存在疏忽。二是应急管理体制协同不够。部门分割，各自为战，协调不力，单兵作战多，综合协调少，资源没有优化配置，面对事故的突发性和不确定性，难以有效地应对，抢险救灾组织没有统一的协调安排。应急救援力量分散，主体部门往往由于权限问题缺乏对其他相关单位的协调动员能力。三是应急管理措施形式化。各地区、各层次和各部门协同能力低，应急管理过程中的各环节相互割裂，应急过程各环节的运作衔接缺乏协调。大多数煤矿编制的应急预案是被动应付性的，缺乏对煤矿事故的具体分析，缺乏可操作性。安全应急培训滞后，还存在"走过场"的问题。应急救援演练不够贴合实际，重表演，轻实效。应急管理方式仍然是运动式而非制度化的。四是应急管理能力不强，部门之间、机构之间和企业之间缺少协同，不能产生协同能力来应对复杂的事故。

这些问题严重影响了煤矿安全应急管理的效率和效果。在应急管理过程中，如何协同各个专业应急部门，协同各个层次组织，协同政府、友邻单位和社会力量？如何进行科学决策？如何充分利用煤矿应急的人、财、物等资源？解决这些问题是煤矿安全应急管理的迫切需要和现实要求，加强协同成为应急管理研究中的重点，要保证和提高应急管理的工作实效，就要以系统观的理念研究应急管理的整个过程，建立基于协同的安全应急管理系统。系统的含义究竟是什么？系统协同机制如何影响和提高协同能力？如何评价基于协同的煤矿安全应急管理系统？如何评价和提高煤矿安全应急管理能力？要想回答这些问题，基于协同的煤矿安全应急管理的构建和评价研究就成为一个核心科学问题。

1.1.2 研究目的和意义

习近平总书记在党的二十大报告中提出：建立大安全大应急框架，推动公共安全治理模式向事前预防转型。大安全大应急框架是一个综合性的理念，这个框架的目标是建立一个全面、协调、动态的、可持续发展的体系，包含相关安全管理的诸多影响要素，基于彼此干涉或演变机理，以总体安全为目标而建立的一种管理与响应机制，旨在提高应对突发事件的能力，保障人民的生命财产安全。在新安全格局下，开展基础性、系统化、可持续的安全生产应急管理理论和管理模式研究，是落实总体国家安全观的重要课题。

复杂的煤矿事故不再可以轻易地被单个领域、部门或区域所解决，而需要多部门、多领域、多区域的协调努力，地方政府在应急管理上要建立和完善跨区域发展协调机制，由于突发事件的复杂性，跨区域合作非常必要，建立跨区域应急管理事关重要。当前最新的研究重点是以能力提升为导向，通过系统协同提高应急管理能力，全面提升综合性应急能力。

目前，限于我国煤矿安全管理水平，煤矿没有绝对安全的，我们必须对应急管理系统进行全面的系统研究，才有利于减少事故的发生，有利于高效应对突发事故，有利于降低人员伤亡和财产损失，抑制安全事故的发生和演化，提高我国煤矿安全生产应急管理水平的任务迫在眉睫，基于协同的煤矿安全应急管理系统构建和评价已成为我国安全生产工作的当务之急，对构建我国安全生产的长效机制有着深远的意义，本研究的意义体现在：

1. 理论意义

（1）基于协同学研究煤矿安全应急管理，是协同理论在煤矿安全应急管理领域的纵深扩展，对于丰富协同创新的理论研究具有一定意义。通过系统构建，具体深入研究基于协同的应急管理系统构建与评价，赋予动力体系与管理体系理论之源，一定意义上丰富和完善了煤矿应急管理基础理论研究。

（2）安全生产应急管理能力是安全生产从风险管理到应急管理研究的着力点，能够提高煤矿应急管理的科学性，增强煤矿应急能力。为煤矿应急管理建立一套切实可用的评价体系，对于提升煤矿应急管理能力有借鉴价值，有助于弥补能力机理和评价研究的空白，在一定程度上推进应急管理体系和能力现代化理论研究，拓展应急管理理论的研究领域。

2.现实意义

（1）为提高煤矿的应急管理水平提供对策和建议。通过分析煤矿应急管理现状及问题，运用定性与定量研究，建立煤矿安全应急管理系统协同度评价模型。判断煤矿应急管理中需要改进之处，为其进一步加强应急能力建设指明方向，提供具有可操作的对策和建议。

（2）提高突发事件的预测、预警能力，指导事故灾难应急救援工作，可以预防事故发生，定期检查应急管理的准备工作，通过应急管理能力评价，揭示形成机理和提升策略，为进行安全生产科学决策、推进企业应急管理能力建设、预防生产安全事故等实践工作提供智力支持，另外，便于在矿难发生之后，科学有序地安排应对方案，提高应急工作的效率；可以加强煤矿企业应急救援管理工作有效性，从组织指挥、运作机制、应急决策和资源保障等方面进行详细研究，制定出切实可行、高效的应急救援方案。

1.2 国内外研究现状综述

1.2.1 国外研究现状

1.应急协同管理相关研究

Rui Chen 等（2008）建立了一个分析应急响应生命周期中协调模式的框架，并证明了该框架在灾害中的适用性。他们认为应急管理协同包括灾害前、灾害中、灾害后的协同，不同阶段的协同对应急资源的充足性有着重要影响。Bukhoree Sahoh（2017）应急管理需要从各种数据源中发现知识，智能应急管理的目标是帮助执行管理团队做出更好的决策,并有效地处理紧急事件;应急管理需要可靠、准确、及时的信息和知识。社会网络、云计算和物联网的指数增长意味着在突发事件发生时,人们可以通过应用社会大数据来共享、重用和生成海量数据,作为应急管理中的知识源,特别是作为灾害态势跟踪的实时数据源进行更有效的管理。西方国家一般存在三种应急能力形式:国家(系统)应急能力形式、都市区域应急能力形式、社区应急能力形式。Soren Pedersen 和 Dewan Ahsan(2020)今后对应急准备和响应管理的要求将比以往更高,这将需要主要的公共和私营组织之间的强有力合作,特别是在应急准备和响应阶段有关各方之间的合作。所有公共和私营部门都必须诚信合作,协调一致地制订系统的应急管理计划,以优化应急管理过程。Ralfael.A. Gonzalez(2008)指出在应急响应中,应在共同决策、资源共享、信息交换中进行协调。Henstra(2010)认为区域应急管理研究意义重大,总结出区域应急管理程序的30个要素,为应急管理程序的评价与实施提供了一个方法。Pattna(2007)认为在应急管理中主体有政府、企业、媒体、群众和社区。合作关系是协同应对管理的关键,包含横向的和纵向的关系。通过政府间、跨行政区域的协作来应对突发事件。Caruson 和 MacManus(2008)提出各地区政府组织建立区域应急管理的合作机构,在信息交流、应急准备、响应和恢复等方面加强地区合作。L.K.Comfort(2001)进一步归纳出应急协同效率影响因素,这些因素包括:应急事件的动态变化、信息的有效传递、应急目标的一致性、应急风险的共享程度、组织文化差异。D.A. Kononov(2019)应制定煤矿应急管理任务,包括:事件的分类;最优的监控;状态恶化的可能性;应急管理状态的可能性。根据事件的潜在危险,进行分级管理。提出建立煤矿应急管理模型来解决具有指定类型约束的基本应急管理任务,包括协调个人和整体社会目标。新的应急管理模型和研究方法作为自动化的数学方法能够支持管理煤矿应急管理系统。

2. 应急能力相关研究

美国联邦紧急事务管理局(FEMA)2005年设计了一套应急管理能力的评估表(CAR),评价标准包括应急管理的13个维度、209个属性和1014个指标;构建了灾害应急能力系统,进行区域应急联动的实践,包括政府、企业、社区、家庭协同。Waugh 和 William(2006)表示,应对和处理突发事件,除了凭借政府的应急管理能力，建立起应急管理机构与州、地方的合作机制，共同应对，还要调动民众、非政府组织等其他社会力量积极参与。在美国，州或地方政府间的应急体制中互助协定议案极为常见，也得到了相关的法律保护，只有在各方的要求都无法得到解决时，联邦政府或州政府才会出面协调支持、提供援助。Adini（2006）围绕如何提高应急能力，提出了金字塔理论，该理论认为应急能力包括：人员的知识和能力、培训和演练、计划和政策、设备和基础设施，总共有四层评价的内容。

3.煤矿应急管理研究

A. E. Halim（2019）澳大利亚自1998年以来在煤矿应急管理方面取得了重大改进，安全和矿山试验研究站（SIMTARS）一直在进行矿山安全和健康方面的研究和培训。通过进行煤矿应急演习，提高了矿工对危险的认知程度，同时对矿山经营者施加压力，以确保和维持其应急管理系统的有效性。D.A. Kononov（2019）应制定煤矿应急管理任务，包括：事件的分类；最优的监控；状态恶化的可能性；应急管理状态的可能性。根据事件的潜在危险，进行分级管理。提出建立煤矿应急管理模型来解决具有指定类型约束的基本应急管理任务，包括协调个人和整体社会目标。新的应急管理模型和研究方法作为自动化的数学方法能够支持管理煤矿应急管理系统。

1.2.2 国内研究现状

1.突发事件应急管理研究

对于突发事故的应急能力评价研究，国内学者做了大量的研究工作。分析影响应急行动的因素，研究了我国重大事故应急能力评估指标，分四个阶段：预防、预备、响应和恢复。还概括了世界发达国家的突发事件应急管理模式，指出进入21世纪以来突发事件呈现出新的特征，提出建立区域预警应急联动体系。戚建刚（2012）认为提高我国政府应对突发事件的能力，要建立科学的管理体制，实现三个转变，即"以条为主型"向"以块为主型"转变、"事后型"向"循环型"转变、从"独揽型"向"共治型"转变。丁荣嵘（2021）应在日常的应急管理中把握一般规律，设计一套可以应对不同类型突发事件的管理机制，尤其是在面对重特大突发事件时，可以规避传统机制的不足，以机制的完善和能力的提升来推进体制变革。传统的应急体制很难满足现代应急需求，应发动各方力量协同合作，建成多主体共治理的应急体系，并要明确各方职责。陈培彬等（2021）构建了四个准则层共29个细化指标的应急能力评价指标体系，利用31个省份的统计数据和因子分析和聚类分析的方法对我国农村突发公共卫生事件应急管理能力进行评价。

2. 应急协同研究

陈安（2019）认为应遵循现代应急管理理论，整合、优化应急资源和力量，构建具有中国特色的现代应急管理体系。寇丽平（2006）根据协同学理论知识，探讨突发事件的应急管理体系，并对体系构建的内容、保障、原则和规范等给出了合理的建议。佘廉（2007）通过研究突发事件的特点，提出区域应急联动与协同尤为必要的观点。李春娟，宋之杰（2011）认为，可以把知识协同应用在应急管理过程中，充分发挥知识价值，从而提高应急管理水平及效率。雷喆（2010）提出应急管理协同机制的基本要素包括：组织协同、信息协同和决策协同。陈述（2014）研究了协同应急部门之间决策的影响程度，利用临界值—加权方法优选出应急处置方案。夏一雪，郭其云（2012）提出从国家、省级、市级层面建立完善的应急救援管理体系，多部门协同应对系统性风险。

3. 应急管理系统研究

薛澜（2010）探讨了我国应急管理系统，指出通过系统各要素的运行提高管理效能，开展了应急管理系统的研究。钟开斌（2014）总结了应急管理系统的转型与发展，即从体系建构到能力提升，指出未来第三代应急管理系统，必须着眼于全方位的能力建设，实现突发事件应对的标准运行、全程管理、全员参与、强力保障，科学研究煤矿应急管理系统，提高应急管理水平。陈安等（2009）将应急管理的全生命周期分为灾前、灾中、灾后三个过程，流程评估工作也按照这个过程来评估。从功能角度概括为四大系统，包括责任系统、响应与评估恢复系统、救护援助系统、资源保障系统，还研究了系统之间的相互影响和作用。郭昊（2017）对煤矿应急管理体系现状进行分析，提出煤矿安全生产应急管理应从应急管理法治建设、应急救援队伍体系建设、应急预案与演练、应急管理科技支撑体系的建设四个方面着手。张军波（2012）依据时间序列，构建面向功能的煤矿应急救援系统。系统包括日常建设子系统、救援任务子系统、救援支持(保障)子系统和善后恢复子系统。

4.煤矿应急管理能力研究

钱洪伟和于晴（2020）运用多种理论方法从人、机、环境等方面分析了煤矿瓦斯事故应急能力的主要影响因素，并提出用相应的影响因素分析模型进行实证研究。岳宁芳（2009）认为煤矿重大事故应急能力应该包括危险源监测、通信与报警系统、日常建设工作、培训与演练、应急救援任务、救援行动支撑和恢复阶段七个方面，还构建了基于检查表法的评价模型，并应用到煤矿实际中。并证明该方法可以在行为机制的基础上确立权重，并验证了其有效性。谷威丽等（2011）和李森、付田田等（2013）构建了应急管理能力评价指标体系，运用灰色系统理论对煤矿应急能力进行评价。洪亮和王会萍（2009）利用突变理论，从预警、紧急处置、善后处理三个指标评价煤矿应急管理水平。李君治和唐立峰（2013）研究煤矿应急管理系统综合评价，构建了煤矿应急管理能力评价指标体系，并利用云模型转换定量与定性数据，依据 D-S 证据融合理论中的证据距离计算相对权重。王春光（2013）利用可拓理论评价煤矿应急管理能力，建立物元模型，把评价指标转化为一种相容的问题进行评价。

1.2.3 国内外研究趋势

1.国外研究趋势

（1）重点研究突发事件的衍生耦合性，尤其是人类活动和自然之间的关联性。

（2）根据事故的前兆，研究信息收集获取、数据分析、共享、可视化，探讨在事故演化过程中的海量、异构、实时数据。

（3）将国家行政体制、经济结构、技术基础、社会文化等因素构成的特定"国情特征"作为应急管理研究的变量或者问题构造的基础假设。

2.国内研究趋势

（1）强调多学科的交叉融合，而不是单一学科的研究，渐渐形成应急管理深入细致的系统和综合研究。重点研究应急管理系统的构建和能力提升的机制，增加科学的定量分析方法作支持。

（2）统筹综合技术和信息以应对煤矿重大事故的管理科学问题研究，以应急决策环节为核心组织交叉学科研究。

（3）考虑系统复杂、资源紧张和信息匮乏等特殊的研究边界条件，研究协同配合的应急管理机制。

1.2.4　国内外研究现状述评

国内外学者在应急管理能力指标体系、区域协同体系和应急协同的影响因素等方面，为本研究奠定了良好的理论基础，尤其在应急能力方面研究成果较多，丰富了能力评价和提升研究，同时，基于协同学理论的研究方法值得借鉴。但是，通过文献的梳理对比能够发现，基于协同的煤矿应急管理系统构建和评价研究的局限主要存在以下几个方面：

1.煤矿应急管理系统构建

学者从不同的角度对煤矿应急管理系统进行研究，现阶段无论是在学术研究还是实践管理方面都是一个热点话题。但是，很多关于煤矿应急管理系统的研究还比较浅显，仅仅提出了系统的组成，停留在外在表现层面，还没有一个完善的系统模型，缺乏探究内部子系统构建、协同作用和关系。利用精确的数学分析工具对其进行定量评价的研究较少。

2.煤矿应急管理协同机制分析和协同度评价

协同学理论在应急管理上的研究方兴未艾，应急管理与其他学科交叉越来越多，应用前景将更加广阔。关于突发事件的协同管理研究比较成熟和完善，但对煤矿这一特殊领域，研究还不够，尤其是针对多层级、多部门、多主体的应急研究较少，本研究针对这一研究缺陷，从煤矿应急管理系统入手，分析协同关键影响因素的影响作用，构建协同度评价模型，对应急管理能力提升和政策制定有更强的针对性和科学性。

3.煤矿应急管理能力评价方面

国内外学者对应急管理能力的研究主要围绕能力的构成、能力的形成机理、能力的评价以及提升能力的对策等几个方面来展开。从不同角度设计煤矿应急管理能力评价指标体系，为本研究提供借鉴。但是，缺乏从系统的角度进行深入认识和探究，缺乏实效性。从协同角度来研究应急管理能力，具有更重要的价值。

1.3 研究内容和方法

1.3.1 研究内容

本研究坚持理论联系实际的原则，以协同为视角，围绕着应急管理系统构建、系统评价和能力提升，构建企业应急管理系统总体框架的三维结构模型，并对组织、决策、过程和资源4个子系统进行详细研究，提出区域煤矿应急管理系统结构模型，探讨省区、市区和矿区三个层次之间的协同关系，建立煤矿应急管理协同度评价模型，推动应急能力建设和提升，通过实证分析，提高煤矿的应急管理水平。

第一，阐述问题提出的背景及研究的意义，从煤矿安全管理的严峻形势引出协同管理的必要性，以此作为研究的突破点。通过国内外研究现状述评，明确借鉴之处，进而确定论文的研究内容和方法。

第二，阐述基于协同的应急管理的理论基础，为煤矿应急管理评价和提升提供支持。将理论与实践紧密结合，分析煤矿应急管理的现状及存在的问题，探讨煤矿事故的内涵和机理，分析煤矿事故应急系统，基于霍尔三维结构模型将复杂系统分成三个维度进行研究，即知识维、逻辑维、时间维。将复杂的系统简单化，厘清系统要素，明确系统的条理，并分析三个维度的影响因素对于应急能力的影响层次和作用机理，构建应急管理系统总体框架的三维结构模型，并对组织、决策、过程和资源4个系统进行详细的研究，界定煤矿区域应急管理系统概念与结构模型，探讨矿区、城区、省区三个层次之间协同的内在联系、相互制约和影响的机理，对煤矿应急管理协同系统和能力的演化机理进行分析。通过对指标体系筛选和相关性分析构建协同度指标体系，并运用协同学理论构建煤矿应急管理协同度评价模型，且用于实证研究。

第三，确定和分析影响煤炭企业应急管理能力的因素，煤矿应急管理能力在协同过程中的关键维度及其影响因素，从组织子系统、决策子系统、过程子系统、资源子系统四方面考虑协同能力，围绕应急预防能力、应急准备能力、应急响应能力以及应急恢复能力四个一级指标,参考分析人、机、技、环、管等几方面设计二级指标,构建煤矿安全应急管理能力指标体系。

第四,对 A 煤矿进行评价。本研究结合定量分析结果,提出切实可行的对策,提高煤矿应急管理能力。

1.3.2 研究方法

本研究从系统科学的角度出发,以协同学理论研究为基础,综合运用多种定性和定量方法,科学理论与实际相结合,宏观与中、微观相结合,综合运用了系统理论、协同论、模糊数学等方法。

(1)文献阅读和调查访问相结合。梳理国内外协同、安全管理和应急管理理论研究和实践成果,参照国内外对应急管理系统构建和评价的研究成果,主要采用现场调研与问卷分析相结合的方法。

(2)利用协同学方法,构建了协同度模型,对系统的协同程度进行了评价,使得本研究具备了很强的实际指导意义。

(3)模型检验与实验研究方法。建立基于可拓理论、模糊数学等不确定理论的煤矿安全应急管理能力模型,运用数学工具和软件进行运算及分析。

1.4 本章小结

本章主要从三方面阐述论文的绪论。首先,从安全应急管理在煤矿管理中的作用以及煤矿应急管理中存在问题来阐述本研究的选题背景和意义。其次,介绍国内外研究现状,主要是突发事件应急管理、应急协同管理、应急管理能力和煤矿应急管理等方面研究,述评了现有研究的基础和不足,为本研究指明方向。最后,确定了本研究的研究内容和研究方法。

第二章

相关理论综述

2.1 事故致因理论

事故致因理论主要有三个内容：一是事故致因链，分析和预防事故，以链条的形式展现事故的原因；二是事故归因论，把事故的原因具体分类，制定事故预防策略；三是安全累积原理，即事故三角形理论，建立事故严重度和次数的关系。其中尤其以事故致因链理论最为重要。该理论经历了三个阶段。

第一阶段(20世纪70年代之前)是古典事故致因链，主要从两方面研究事故致因：一是个人行为倾向、特质，代表人物是海因里希，通过消除人的不安全动作、物的不安全状态来预防事故。二是直接的物理原因，1966年，哈登提出了环境致因论，除了考虑人的状态或行为，还考虑不正常的或不希望的能量释放，包括机械能、电能、热能、化学能等，直接导致人员伤亡。这一阶段的理论为安全管理奠定了理论基础。

第二阶段(20世纪70~80年代)是近代事故致因链，将教育、管理因素作为事故的原因。1978年皮特森主张加强组织管理，而不仅仅从个人特质上找原因，但还不清楚管理因素具体是什么因素，实际中不易操作。

第三阶段是现代事故致因链，从1990年开始，把管理原因具体化，为事故的预防提供了较好途径。这一个阶段主要代表人物有Reason（1990）、Rasmussen（1995）、Stewart（2000）、Leveson（2004）等，其中Reason提出瑞士奶酪模型（SwissCheese Model，SCM），监管不到位最终是由其所在组织高层的组织因素所导致。该事故致因链认为事故的个人错误是由于组织因素或者组织行为决定的，比海因里希的事故致因链进步很多，相比 Bird and Loftus 的事故致因链，该理论更加明确了引发事故有重要控制或者影响作用的组织因素、组织行为的具体内容，一切事故都有原因，一切伤亡事故都可以预防，事故的根源在于组织和管理失误。要预防事故，就要从组织管理开始。

导致失误的原因分为两个方面：一是显性失效；二是隐性失效。由违反规定、错误操作、无效措施等造成的事故为显性失效，是指事故的表层原因。那些由组织中已然存在失误或违规的原因导致不当的管理决策为隐性失效，是说为什么会出现事故，即真正的病因。一个良好健全的组织不可能完全摆脱隐性失效，更多的时候是在寻找隐性失效，并随时予以消除。在系统失效中，组织失误实际上就是人决策失误。往往是其最根本的原因，组织的事故原因模型见图2-1。

2011年，斯图尔特提出了现代事故致因链理论，阐述了安全管理活动具体包括两个层面。第一层是管理层以及他们的管理理念和组织承诺（management vision and commitment）等；第二层是组织的各个部门对安全工作的重视程度、责任意识、硬件装备水平、员工参与状况、安全专业人员工作质量等四个方面组成。

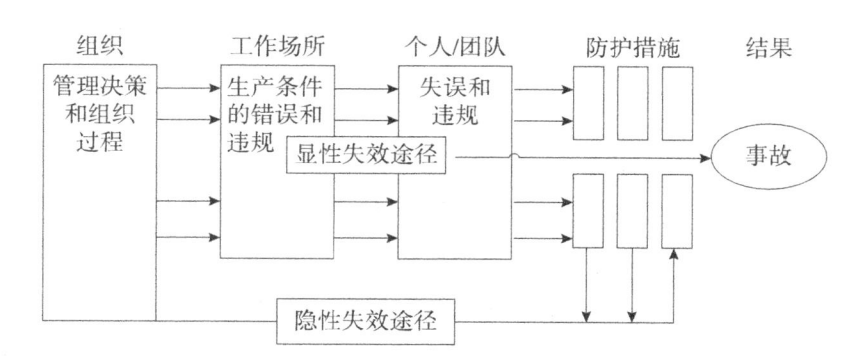

图2-1 组织的事故原因模型图

该理论扩大了研究范围，原来学者们一直关注个人层面或者直接原因，现在不但考虑事故直接原因，还具体研究根本原因。扩展到其外在影响因素，以及外在影响因素产生的根源，关于隐性失效的研究意义更大，研究组织和管理对事故的影响与控制，研究更为全面。

需要说明的是，该理论将管理上的缺陷定性为导致事故的根本原因，与当前我国煤矿安全应急管理工作实践相符，对我们加强煤矿安全应急管理工作提供了理论指导。应急管理在不同阶段的工作重点也不同。在事故发生前，应急管理的重点是事故应急准备消除事故隐患。在事故发生中，应急管理的重点是应急救援。若应急救援水平不高，在救援中有可能扩大或引发次生事故，极易造成新的更大的人员伤亡和经济损失。事故发生后，应急管理的重点是恢复总结，积累工作经验，探索事故发生规律，指导未来应急工作，因此，应急管理水平也是煤矿企业事故的主要致因要素。

2.2 应急管理理论

我国关于应急管理理论的研究主要是取得了一定的成果，但是还存在一些问题。一是基本概念界定模糊，应急管理与安全管理、突发事件危机管理、灾难管理等概念之间的关系模糊；二是理论体系尚未形成，集中于全面应急管理理论和生命周期理论等，而且多停留在借鉴和引用的阶段，对应急管理研究领域的界定还不够清晰，这将阻碍应急管理学科的发展。本研究力图理清应急管理相关概念，丰富完善应急管理理论。

2.2.1 突发事件的含义

哪里有突发事件，哪里才有应急，所以要想研究应急管理，首先要研究突发事件。具体来说，突发事件是指突然发生，造成或者可能造成严重社会危害，需要采取紧急应急措施应对的事件，这些事件包括自然灾害、安全事故、社会治安和公共卫生事件等。该定义强调突发事件可能造成的影响，而不是已经造成的影响，应急管理研究边界不仅是研究突发事件发生时的危机期，还向前延伸到突发事件发生之前的潜伏期，向后延伸到演化期，应急管理赋予突发事件更有价值的内涵。

突发事件与一般事件区别在于特殊的研究边界条件，如时间和资源紧张、系统结构复杂变化、极端环境条件、信息不畅等。与突发事件相近的术语，主要有灾害、危机，在此对这些概念加以辨析。灾害一般指自然灾害，比如地震、台风和暴雨等，突发事件随着事态严重，能升级为灾害，但是突发事件如果得到有效控制，就可以避免灾害。危机是突发事件进入爆发期的一个重要时间点，可以理解为一种状态，突发事件在演化过程中，未必会发展成危机，而危机的产生一定由某一突发事件引发，突发事件研究范畴限于公共领域；危机管理研究范畴更加宽泛，可以是国家、企业和个人。图2-2对上述三个概念做以解释。

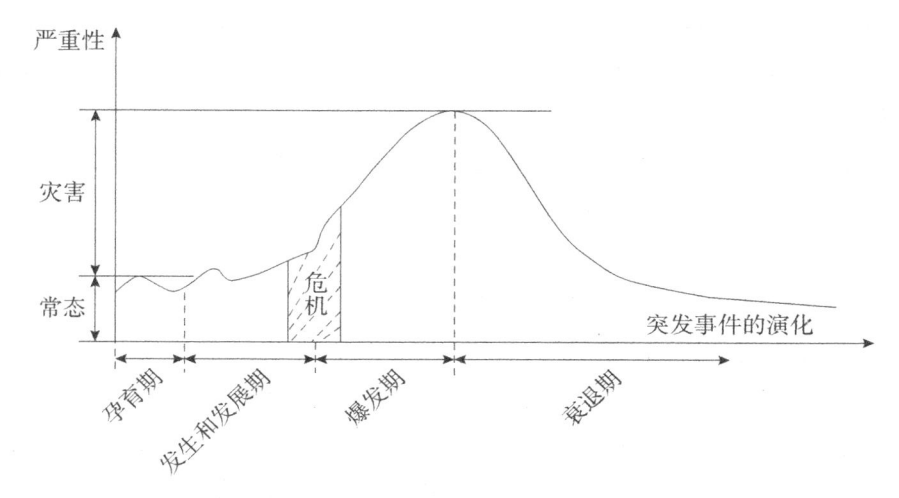

图2-2 突发事件、灾害和危机

突发事件概念的外延显然宽广得多，公共管理领域所研究的突发事件的范畴包括程度较为严重的破坏性与涉及一定影响范围的灾害与事故，相对于突发事件这一概念，灾害与事故这两个词的内涵不涉及影响程度与影响范围的大小，事故是指生产、工作上发生的意外损失或灾害（多指工伤事故、责任事故等）。灾害偏重于指"天灾"，事故则多指"人祸"，天灾不易避免，人祸可以预防。突发事件有以下特征：偶发性、衍生次生及耦合性、高度不确定性、环境复杂性、严重危害性及深远影响性。基于以上特征，突发事件应急管理是一个复杂系统，具有多主体、多因素、多尺度、多变性，因此采用多主体、多层级、多环节的协同应对机制是十分必要的，科学有效的协作直接影响着应对的效果。以前的研究主要是针对应急管理中多主体、多部门应急协作的定性化描述，而针对多主体协同定量研究相对较少，缺乏足够的理论基础。

2.2.2 应急管理的含义

应急管理(Emergency Management，EM) 是一个年轻的学科，从西方20世纪六七十年代开始，美国、新西兰和澳大利亚等国家学者不断探讨学科理论知识，2003年非典暴发之后，应急管理的理论与实践在我国的发展，大致有三个阶段：

第一阶段（2003年以前）是侧重于应对的思想，是应急管理研究的开始时期，面对突发事件，决策者要在短时间内、不确定性极高的情况下做出有效决策。

第二阶段（2003—2013年）主要是研究应急管理整体框架方面，这一阶段研究成果较多。主要围绕"一案三制"展开，着力构建应急管理的基本框架和管理体系，表现在研究应急管理专题方面，集中在应急管理的界定等理论基础、应急管理过程理论和生命周期模型、突发性事件或危机事件的种类及其应对、应急管理能力建设。

第三阶段（2013年至今）侧重于预防的应急管理思想，是走向常态化的全面应急管理思想，研究成果已经到了质量提升阶段，其内容覆盖面更加全面，研究内容更加深入。应该说应急管理的跨学科性极强，涉及几乎所有科学技术的知识领域，尤其是与公共管理、安全管理等学科密切相关。目前研究态势：一是重视预防与准备；二是加强区域协同合作；三是政府主导、社会协同、公众参与、法治保障。

2007年美国学术界一致认为应急管理是创立一个体系，这个体系可以发挥应对灾难的管理功能，减少社区危险的脆弱性。该体系包含八个原则：①全面性；②前瞻性；③风险驱动；④综合性；⑤合作精神；⑥协调性；⑦灵活性；⑧职业精神。美国应急管理学家麦克恩泰强调应急管理三层含义：一是研究对象更加关注的是灾难和事故，而不是紧急事件；二是在现实中过度强调了被动反应性，偏向于响应；三是研究角度本身是应对事故控制能力。刘奕等（2021）提出高度整合、全面共享的智慧应急会推动打通各部门和各行业间的数据壁垒。整合多部门和行业的资源，实现多元化、智能化、一体化的信息获取和共享，推动智慧应急向多行业大整合、高共享、深应用发展。

综合国外的定义，应急管理的概念包括：①应急管理的对象是各种灾难或事故；②应急管理的目标是保护人民的生命和财产安全；③应急管理是有组织的政府行为；④应急管理是全过程的，过程包括准备、预防、应对和恢复。可以发现，概念的界定已经涵盖了非常态和常态的全部内容。

应急管理的概念存在广义和狭义之分。广义上是从整体上对突发事件各个阶段全过程的管理，包括应急预防、准备、响应和恢复。狭义上，偏重于突发事件后的应急响应，内容包括启动应急预案、救援抢救、资源调配、技术支持、专家参与等。目前，学术界对应急管理的界定存在分歧。有的学者认为，应急管理强调对事故发生后的处置，减少损失，防止事故恶化和蔓延。有的学者认为，事故的发生和影响是一个动态的发展过程，陈安（2009）认为，为了降低突发事件造成的危害，应急管理要通过对事件的原因、过程及后果的科学分析，科学决策，整合应急资源，运用现代技术手段和管理方法，有效地应对和控制突发事件，积极救援。总结学者们对于应急管理概念的研究，争议的焦点在于从事故发生前、事故发生中、事故发生后的哪个阶段来定义，传统上普遍认为应急管理就是对基于事故发生中的界定，仅限于针对事故的处理，忽视了事故预防的重要性，应急管理应该从"事后反应"向"全过程"转变，在事件发生前有何保障，平时预防，如何在事件发生后第一时间作出正确反应，妥善应对和救援。事件发生后如何减少事故造成的伤害，哪些是我们缺乏的，哪些是我们未来需要加强的。

基于此，结合文献研究，本研究提出应急管理的定义，应急管理是指为了预防突发事件和降低突发事件的危害，科学地进行应急预防、应急准备、应急响应和应急恢复，掌握突发事件的起因、发生、发展和演化过程及原理，有效地应对、控制和处置突发事件的全过程管理。应急管理是对可能出现的事故的一种应对之策，人们在生产活动中会面对已经发生和即将发生以及可能发生的事故，事故责任主体围绕平时应该做什么、会发生什么、发生后怎么办，针对这些突发事件、事故采取相应预防和处置措施及管理方法。

2.2.3 应急管理的过程及体系

应急管理包括六个步骤：①防备；②发现；③研判；④报告；⑤控制；⑥学习。在应急管理过程中，针对煤矿事故，事前可防，事发可控，事中可治，事后可用。传统上应急管理注重事后的救援，随着现代应急理论的发展，应急管理强调全过程，主要包括应急预防、准备、响应和恢复四个阶段。

应急管理各阶段的含义和内容见表2-1，这四个阶段环环相扣、循环往复、互相支持、全面协同，它包含了应急管理过程的活动要素。同时，四个阶段的管理行为也存在相互交叉和部分重叠。

表 2-1　应急管理各阶段的内容

应急阶段	含义	工作内容
应急预防	采取前瞻性预防措施，控制和消除事故风险和影响	应急人员、机构和物资基础信息管理 应急法规、防灾体系等制度和政策制定 应急标准制定 风险辨识、评价与控制 事故预测、预报和预警 事故灾害保险
应急准备	事故发生之前采取的各种行动，目的是提高事故发生时的应急行动能力	编制应急预案 应急救援培训、演练 应急知识普及及宣传 应急资源管理 签订应急协同协议
应急响应	事故即将发生前、发生期间和发生后立即采取的行动。目的是保护人员生命、减少财产损失、控制和消除事故	启动相应的应急系统和组织 实施现场指挥、救援和救护 应急资源调动 协同合作
应急恢复	事故发生后，使生产恢复到正常状态或得到进一步改善	应急过程评价 损失评估 应急预案复查

应急预防是一项长期规划，涉及政府部门、企业、社会和其他机构，包括制定应急法规、防灾体系、基础信息工作、事故预测、预报和预警工作、应急管理标准等制度和政策等，对煤矿来讲，煤矿如果有完备监测系统、预测系统、预警系统，就可以发现潜在危险源，利用技术和管理手段加以控制，减少煤矿事故发生的可能，避免煤矿事故衍生和扩大。

应急准备作为应急管理运作系统的第二个组成部分，其目的是发现事故和应对过程中存在的问题，设计有效的解决方案，预先做好准备工作，包括：应急预案制定与评价、应急资源储存与管理、互助合作机制建设、应急培训、应急演练、应急知识教育等活动。一般而言，国家体制中的权利分配、政府部门的合作机制和机构的有效协调等因素，对应急准备有很大的影响和限制。

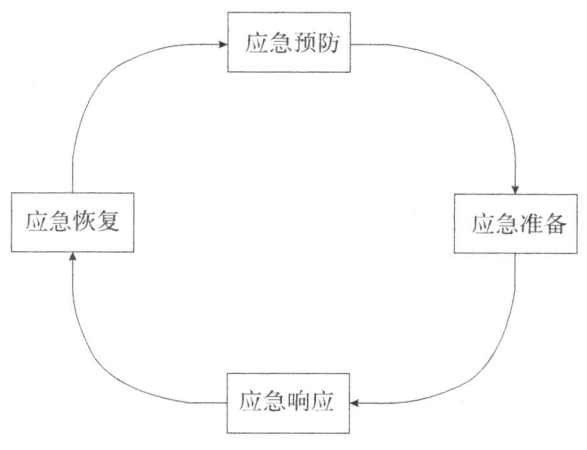

图2-3 应急管理过程

应急响应是指事故发生后人们采取一系列的救援行动，防止事件的衍生或进一步扩大。应急响应包括启动相应的应急系统和组织，实施现场指挥、救援和救护、应急资源调动和协同合作。

应急恢复是指事故发生后，尽快开展各项善后工作，主要有：恢复与重建、经济赔偿、灾后援助、消除社会影响，还有更重要的是对事件发生的原因进行调查分析，以指导以后的应急管理活动。

应急管理过程的四个阶段在整个应急管理体系中的地位和作用见图2-4。通

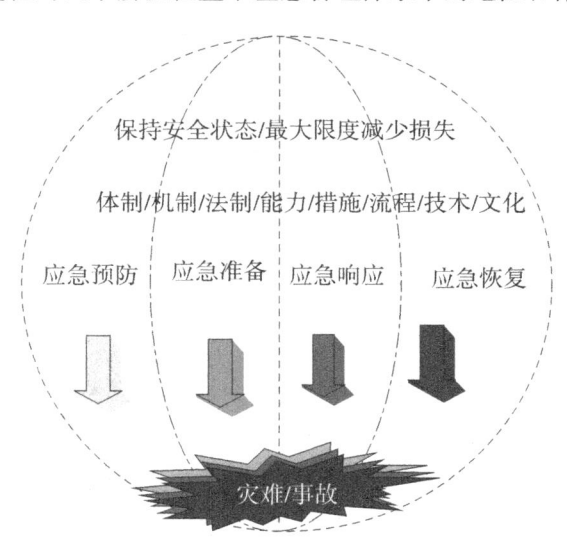

图2-4 应急管理体系

过四个阶段的实施，也可以概括为应急管理的任务和流程，借助体制、机制、能力、措施、技术和文化等，这些环境和工具是完成任务的支撑，实现应急管理的最高目标，即保持安全状态，最大限度减少损失，科学有效应对煤矿事故。

2.2.4 应急管理的关键成功因素

应急管理目标的实现与很多因素相关，需要在这些因素中提炼出关键成功因素，应急管理关键成功因素有利于建立应急管理能力指标体系。本研究对影响应急管理目标实现的关键成功因素作出总结，见表2-2：

表2-2 应急管理的关键成功因素

学者	关键成功因素
GoPalakrishnan 和 Okada	政府和管理当局的责任划分；集成化管理水平；灾害应对政策；信息的收集、处理和传递；多组织合作协调；资源优化；社会力量的参与政策；经验的共享等
Schooley 和 Horan	运作、组织、管理的因素；信息服务时效性和共享性；技术资源；信任；团队合作；领导力；目标设置；行为评估；沟通；文化差异；参与的水平；权力关系；变革的抵制；角色定义；规章和制度；法律政治和财政因素
Marineioni	人际合作；灾害知识共享和传递
Sehoenberger	应急处置中的相互协作能力；公共政策
Fedorowiez 和 GogaWilliams	协作网络
Dynes 和 Quarantelli	组织决策制定的沟通和协作

2.2.5 安全管理与应急管理

安全管理学科在我国的研究相对成熟，尤其是在煤矿安全管理上，国内学者形成了很多科研成果，本质上讲，安全管理就是事故预防。广义上讲，安全管理包括安全工程技术和安全行为控制。狭义上讲，只有安全行为控制，安全行为控制可以从个人和组织两个层面控制，本研究采用安全管理的狭义定义，即事故预防的控制方法，安全管理理论基础以事故为研究对象，研究目的是预防事故，研究范围是组织，事故的根本原因在于组织错误。应急管理研究的是突发事件，遵循计划、组织、领导和控制的四大职能管理活动，包括应急预防、应急准备、应急响应和应急恢复四个阶段，构成一个管理闭环。安全管理和应急管理区别见表2-3。

表2-3 安全管理和应急管理区别

名称	研究对象	管理主体	信息的质与量	决策程序	工作重点
安全管理	日常工作	个人、组织	信息质高、量多	有规律可循；程序化模式	风险防范
应急管理	突发事件	组织	信息不充分且容易失真	无规律可循，非程序化模式	应急处置

安全管理与应急管理并不是两个完全割裂的概念，二者相辅相成，即应急管理是安全管理的逻辑延续，安全管理是应急管理的基础和前提。见图2-5。安全管理主要保持安全状态，进行风险管理，预防事故发生；应急管理主要是指安全状态失控，针对突发事件的应急响应，但是应急管理绝不仅仅是应急响应，也包括应急预防、应急准备，以及应急恢复，因此我们应该坚持全过程应急管理的思想。

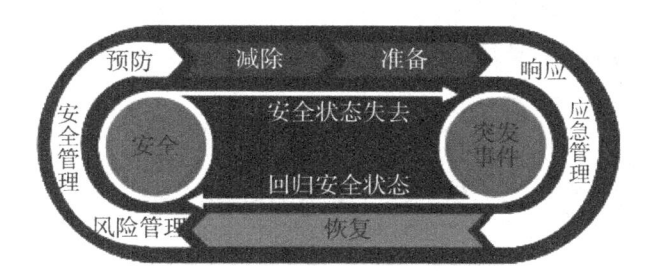

图2-5 安全管理和应急管理的工作流程

2.2.6 煤矿安全应急管理

1.煤矿安全应急管理的定义

本研究认为煤矿安全应急管理是指为了煤矿安全，防止出现突发事故、降低事故危害，煤矿组织开展应急预防、应急准备、应急响应和应急恢复的全过程动态管理过程。

2. 煤矿安全应急管理的特征

（1）及时性。煤矿事故属于突发事件，如果预防措施不及时，就会突然爆发事故，时间就是生命，所以必须在第一时间快速响应，以免耽误最佳救援时机，造成事故的恶化。

（2）专业性。与一般工业企业相比，煤矿井下工作环境异常复杂，不可控因素较多。在我国煤矿现有的管理体制下，煤矿的安全应急具有较强的专业性，体现在技术、人员、装备、工具和资源等方面。

（3）系统性。应急管理不单是事故发生后的应对处置和救援，以系统观看待事故的管理过程，才能更有效地解决其复杂性、动态性及跨学科需求，系统构建、分析和解决事故管理问题，而且为实现系统目标，必须集成个人、组织、社会和环境等要素的相互作用，才能保证应急管理的准确性和有效性。

（4）限制性。一是信息资源的限制。常规决策者能够相对全面、深刻地认识问题，搜集尽量多的信息，但应急状态下，由于事态发展本身具有随机性和不确定性，信息也会随之不断变化，可能是不完整的，甚至是错误的，导致决策失误。二是物资资源的限制。应急管理往往需要大量人、财、物整合协同，科学调配，有效应对。

2.3 系统理论

2.3.1 系统的概念

系统是以特定方式连接并组织的结构性和非结构性要素的集成统一体，通过控制和分配物质、能量和信息以满足特定功能。系统方法是系统及其要素间相互关系的一个范式，它是处于一定的相互关系中并与环境发生关系的

综合体。在应急预防、应急准备、应急响应和应急恢复中，几乎都存在某种固有的系统。为更好地把握问题，以系统及其机理为研究对象，我们以协同的思想解决煤矿安全管理问题。首先，明确系统目标和表征，其次，识别系统层次结构，通过观察系统组成部分或子系统来分析复杂系统，最后，识别问题可量化和不可量化方面，贯穿应急预防、准备、响应和恢复整个管理过程。系统理论为煤矿应急管理提供了更好的理论基础，从系统分析到评价，都可用于表达、分析和解决煤矿事故管理问题。系统思维已成功应用于工程、自然和社会领域，本研究强调系统思维在煤矿事故应急管理中发挥重要作用。

2.3.2 系统的特征

1. 系统的整体性

首先，系统并非没有秩序、随机安排的，系统中要素的有序组合形成一个有机整体。整体性是系统思维的一个显著特征。其次，整体大于部分之和，表示了整个系统的特点。整体性是系统理论的核心，是系统的基本属性，各组成要素的功能和系统中的特征是在一定位置扮演特定的角色，就会产生个体所不具有的功能和特点，形成了系统的新规律。

2. 系统的开放性

在发展的过程中，系统环境保持不断的相互作用，吸收外界环境的物质、能量和信息，促进系统可持续发展。开放性对于系统来说是至关重要的，是维持系统活力的动力。

3. 系统的层次性

系统是一个层次结构。每个层次由若干组成要素构成。不同层次之间的要素相互联系，共同作用。

4. 系统的协同性

系统理论认为协同是系统的内在要求，通过协同实现整体的合作优化，协同作用是相互依赖、相互依存的关系。协同性存在于系统发展的整个过程，是系统发展的前提和基础。

5. 系统的有序性

系统需要一步一步发展，不能一蹴而就，也就是说，需要时间和空间的有序性。系统的不同阶段有着截然不同的特点，系统的有序性越强、整体性越强，形成的系统就越稳定。

6. 系统的目的性

任何系统的存在都是为了实现一个特定的目的和发挥特定的功能。系统的目的性既是适应环境的变化，又满足了人类的需要。

2.3.3 系统构成

1. 要素

根据贝塔朗菲关于系统的定义，我们知道系统是相互联系、相互作用的诸多要素的综合体。之所以称之为系统，关键是要素。这些要素具有相关性，没有孤立的要素，要素之间相互联系、相互作用产生整合作用，表现为整体特征。系统的整体特征和系统的组成要素有关，所以研究系统首先要研究要素。要素的数量最小是两个，一般系统均由多个要素组成，有些系统甚至包含无穷多要素。

2. 结构

系统结构决定系统行为是所有系统的一个共性特征，要素之间相互联系的方式就是结构，一般来说，系统有很多的结构，要素联系方式异常复杂，为了科学有效地研究系统结构，我们把相对稳定的、有一定规则的联系方式叫作系统的结构。

3. 功能

系统行为对环境中的事物产生有利的作用，表现出系统的功能。系统具有功能性，大多数系统都有多种功能，系统整体存在的价值表现为系统的功能，系统功能的发挥有利于改善社会经济管理活动。

4. 要素、结构与功能的关系

要素构成系统，要素联系形成结构，系统结构决定系统功能。三者的关系相辅相成。三者统一起来，系统才能稳定。图2-6说明了要素、结构与功能的关系。系统是在一定环境之中的，系统运行还与环境密切相关。同一系统在不同的环境中，发挥的功能也不一样，同一系统面对不同功能对象，发挥的功能也不一样。在不同环境条件下，系统运行的条件也不同，从而影响系统的整体功能，对系统发挥功能产生有利或不利影响。

系统方法是一种解决问题的通用方法，使事故管理过程更客观。本研究根据系统构成理论，对煤矿应急管理系统的构成要素、结构和相互关系进行深入研究。

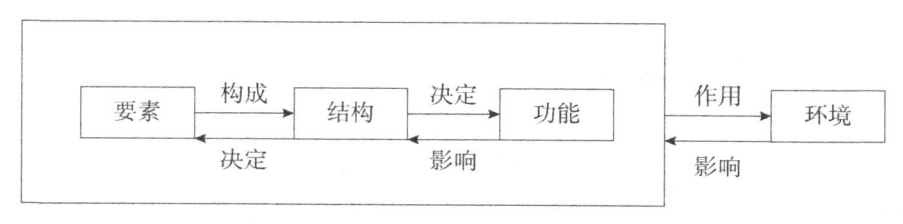

图2-6 系统运行简图

2.3.4 系统分析和评价

1. 系统分析

系统分析是让人们更好地理解管理问题，在系统概念、功能、过程和相关问题的功能系统分析的基础上，关注系统表征，识别系统层次结构，明确适用条件，考虑运筹学方法，并巧妙地运用到实际问题中，帮助进行应急准备、应急预防、方案设计、应急决策的方法，相比传统工具，系统分析能大幅度提高效率，它是一种解决问题的通用的方法，使事故管理过程更客观，系统分析注重科学的设计，为事故管理和决策制定提供框架。

2. 系统评价

系统评价就是根据预定的目标，收集和使用各种各样的相关数据，从整个系统出发，建立评价指标体系，利用各种数学模型，对社会经济和管理体系中存在的问题综合评价，系统评价是一个循环、不断调整和改进、渐进的过程。评价体系往往涉及许多因素，系统具有动态结构性，系统的状态随时间不断变化，可以有效地测量需要评估对象是否可以满足管理的需求。系统评价需要建立指标体系，调整和反馈到系统中，对系统下一步运行做出指示，也是一个反馈机制。综合评价是总结系统的整个运行机制的功效，做一个全面的总结。

2.4 协同学

2.4.1 协同学理论概念及特点

概念的界定最早是由美国战略管理学家安索夫提出，认为协同就是"整体价值大于各独立部分的简单总和"。之后，1977年，德国物理学家哈肯提出了协同学理论。这一理论属于复杂性科学，通过研究一个系统内部各要素之间通过协同的方式促使系统向有序转变，也可以叫进化的自组织能力，另外强调的是系统处于开放状态下，系统时刻保持与环境之间存在物质、能量以及信息的交流，内部产生这种协同关系，促进系统发展和演化，系统结构产生行为模式，行为模式处理管理活动，使得协同学理论已经广泛应用在经济和管理领域。

我们要研究的系统可以分为以下三个层次：一是整体系统层，即宏观层次；二是子系统层，叫中观层次；三是要素层，我们称之为微观层次；应急管理系统就是一个复杂的社会管理系统。由组织系统、过程系统、决策系统和资源系统四个子系统组成，为实现有效的协同管理必须适度集成四个子系统的相互作用，开放系统均需输入资源产生产出，将系统的输入和输出分为资源、信息和价值三类，从而将四个子系统关联起来，子系统的主要运作机制是不断地获取资源，各子系统利用信息作出决策，以确保与其他子系统及环境相互适应，以最大化利用资源达到系统目标的可能性，通过协同机制，可以最大地发挥企业资源效能。数据本身没有意义，从信息到意义存在一个解释过程，该过程受价值驱动，价值体系由信息触发，由资源流改进，各子系统协同最大限度减少矿难的负面影响。

目前，学术界对应急协同管理还没有一个统一的定义，本研究认为，为了预防事故、控制事故和减少事故损失，跨部门、跨区域、跨领域的多个主体在时间和企业资源的约束条件下，通过协同机制，在信息网络技术支持下，采用合理的组织形式，快速响应，科学决策，充分共享并优化利用各种资源，共同应对和处理事故。

我国对于应急管理认识是由于2003年SARS的出现。但是，我国应对突发事件的体制和美国等发达国家不一样，一般都是对应相关政府部门，各自管理，由于突发事件是非常态事件，很难建立一个常设机构，而且体制改革绝不是一朝一夕就能解决的，目前，我国的应急管理主要研究是基于突发事件的深层机理，进行全过程的应急管理，协同应急，形成高效的应急策略和操作方法。煤矿事故造成了紧急事态，在规模和影响上，已经超出煤矿自己所能应对的范围，政府必须采取应对行动，协同相关组织共同应对，煤矿应急协同管理是协同学在煤矿安全中的实际应用。

2.4.2 主要内容

1.序参量

物理学家朗道(Lendau)创造了这一理论，序参量是协同学中非常重要的概念，序参量的概念，序是关键。从系统科学的角度，系统结构的系统要素从无序变成有序的过程，序参量是系统协同作用的方式和特征，当系统处于完全无序的混乱状态时，其序参量为零；当接近临界点时，序参量迅速增大；随着外界条件的变化，序参量也逐渐变化；最后在临界区域，序参量达到最大值。序参量控制每个子系统的行为，控制其他参量的变化，序参量能较好地反映系统有序程度或自组织状态。掌握序参量，就能掌握系统的组织行为，促进系统发展，促进系统从无序向有序转变，从低级有序向更高级的有序演化。

2.自组织原理

自组织原理是协同学中一个最基本的原理。自组织的概念是相对他组织而言的，他组织属于外部干扰，自组织完全依靠系统内部要素的相互作用，推动自身的发展和演化。但是要注意，自组织的运行存在于外部环境中，必然和外部联系。系统具有开放性特征，并保持系统和外部环境的物质，能量和信息交流。才会通过各子系统之间产生协同效应，结构系统有序发展。自组织原理在系统演化过程中发挥根本作用，快变量使系统不稳定状态发展到一个新的稳定状态。快和慢变量之间的相互作用导致系统结构更稳定、更有序。

3.协同效应

系统可以分成自然系统和社会经济系统、实体系统和概念系统、静态系统和动态系统，无论什么样的系统，他们都将因为不同要素之间的协同作用，产生协同效应。那么，如何判断产生了协同效应？如果发现系统整体功能大于各个子系统功能的总和，就能够判断出：系统要素之间协同给系统带来协同效应。即 1+1 > 2 的整体效应，比较整体功能与子系统功能之和的差，我们称之为协同效应强度，这个差叫协同剩余，如果协同剩余是正数，就表示系统产生了协同效应。协同效应将促进系统从最初的无序状态发展到有序状态，若系统是有序的，协同效应使有序结构能够让系统向更高层次发展。

2.4.3 系统协同分析

哈肯的协同学提出任何社会系统都能够应用协同学，系统要素之间协同，子系统之间协同，协同作用产生协同效应，进而产生新功能，从混沌到有序，从较低的有序性到较高的有序性，尤其注意的是，这种协同作用绝不是要素简单的组合，也不是机械的组合，而是基于互补性和匹配性的组合，形成一定属性的协同作用。这样系统才能具有有序结构，促使导致系统表现新的功能和效果。所以说系统协同的本质在于要素属性之间的协同。自组织产生在一定时空中表现特定功能的系统行为。研究系统中每个要素和各子系统之间的协同程度意义重大，因为协同程度大小决定系统有序度大小。协同程度高，有序度就高。反之也成立，通过评估子系统要素、各子系统之间的协同度，我们可以判断系统有序度。

2.5 可拓理论概述

可拓学是以蔡文研究员为首的我国学者创立的一门新学科，在分析文献的基础上，总结实际的综合评价方法，得到当前利用率最高的还是模糊综合评价法。这种方法是把模糊集合和模糊关系作为基础，通过模糊变换把那些不容易进行定量描述的指标定量化，然后确定每个指标对待评对象的隶属级别情况的综合性评价方法。在现实的客观世界中，世界万物在任何事物背后都是彼此相关的。所以，要对客观存在的事物进行科学合理的评价，就需要从不同角度对事物展开全面的分析和研究。但是，影响事物的某一要素只是可以映射待评对象的某一方面，而不能够完全反映待评对象的全部情况，相异的影响要素对待评对象的评估也可能会出现相互不符合，甚至是相互矛盾的现象，进而造成结果的不合理性。因而，专家学者们始终都致力于探究能够包括待评对象的所有信息的全面综合指标，然后对该对象进行评价，并通过评价的结果来表述待评对象的整体情况。不过，因为实际存在的事物中都客观存在着模糊性和不确定性，这就致使这个问题已然没能获得一个科学合理的解决方案。

纯理论数学的研究对象主要是关于不存在矛盾的事物，而处理存在矛盾冲突的事物，还没有一个好方法。可拓学的出现，解决了上述问题，可拓理论的研究对象主要就是存在矛盾的事物，可拓评价方法也是专门探究有矛盾冲突事物的一种途径。可拓理论是对数学和逻辑的较大延展，其具体表现为：

（1）可拓集的建立。该集合的建立把静态数学拓展到可拓学中基于变换的分类；

（2）关联函数的确立。从仅表述量变拓展为量变、质变皆表述；

（3）基元概念的定义。把原先基本数学模型拓展为可拓模型，可拓模型的研究过程是将事物的质与量结合起来进行的；

（4）可拓逻辑的建立。可拓逻辑是辩证逻辑关系与形式逻辑关系的结合体，其目的是用来解决矛盾问题转化过程的逻辑关系。

基于上述的讨论可以看出可拓理论在数学和逻辑的基础上对四大方面做了较大的拓展，因为使数学和逻辑发生了较大的革新，进而出现了可拓数学与可拓逻辑。可拓数学与模糊数学的区别，见表2-4。

通过上面的比较能够得出，能够应用可拓理论的范围领域更广些，它不但能够处理不确定性问题，还能够处理存在矛盾的问题。处理矛盾问题的核心就是经过一系列加工变换，把存在矛盾的问题转化为不存在矛盾的问题。可拓评价方法是一种基于可拓集理论，结合定性定量方法，利用可拓变换，

表2-4　可拓数学与模糊数学的区别

形式模型	集合基础	性质函数	取值范围	距离概念	逻辑思维	处理问题
模糊数学模型	模糊集	隶属函数	[0,1]	距离	模糊逻辑	模糊性问题
可拓模型	可拓糊集	关联函数	$(-\infty, +\infty)$	距、侧距	可拓逻辑	矛盾问题

构造相应的关联函数，确定物元的经典域和节域的综合评价方法。这种方法不但可以描述待评对象状态等级的关联度，还能够体现出待评对象质变的动态过程。因此，本研究运用可拓评价方法对煤矿企业应急能力进行评价。

2.6　本章小结

本章从事故致因理论、应急管理理论、系统理论、协同学理论和可拓理论几个方面进行论述。在事故致因理论论述中，事故的根本原因在于组织和管理；在应急管理理论的论述中，从基本概念界定入手，阐述国内外的研究；厘清煤矿应急管理的理论，在系统理论的论述中，从系统的含义、特征、要素，以及系统分析与评价几个方面进行阐述；在协同学理论中，从协同概念和特点、内容和协同分析等方面进行阐述，为了更科学地评价应急管理能力，选择了利用可拓理论，对可拓理论进行概述，为本书的写作提供了理论和方法。

第三章

我国煤矿事故和安全应急管理现状分析

3.1 煤矿事故的含义、特点和分类

煤矿事故是煤矿应急管理研究的对象。首先，所谓事故，是指人们不期望(突然)发生的、造成损失的意外事件。本研究提倡事故用量化的定义，事故是从组织中突然发生的、带来损失的各种意外事件中抽象出来的一个概念，随着事故定义的损失量不同，量化定义事故，有利于进行具体的预防操作。通过规定事故的损失量，也可以把隐患违章、状态突变等事件定义为事故，以实现更严格的管理，这样事故的外延就扩大了很多，见图3-1。

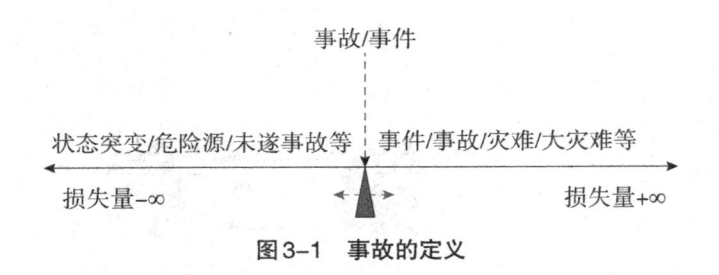

```
                    事故/事件
                       |
 状态突变/危险源/未遂事故等  |  事件/事故/灾难/大灾难等
◄──────────────────────┼──────────────────────►
    损失量-∞              ▼              损失量+∞
```

图3-1 事故的定义

简单地说，煤矿事故就是煤矿中发生的突发事件，比如瓦斯爆炸、顶板坍塌、煤尘爆炸、火灾和透水，目前学术界定义表达不太一样，陈红提出煤矿事故是指煤矿在生产活动过程中发生的具有随机性与本质性、突发性与积累性、伤害性与可控性特征的事件。还有些学者认为煤矿事故是指在煤矿生产过程中造成人员伤害或财产损失的事故。

煤矿事故除了具备突发事故的复杂性、动态性、不确定性、信息的高度缺失性、危害性、应对时间上的紧急性等特征以外，还具有如下特征：

（1）因果性。是指一切事故都是有原因的，煤矿事故找到直接原因，消除事故隐患。同时每一个事故的直接原因有其根源或根本原因，只有找到事故发生的根源，才能根除事故，避免类似事故的发生，这也正是本书的研究角度。

（2）随机性。是指事故发生没有周期的规律，与洪水、台风等自然灾害相比很难预测，这说明事故的预防有一定困难。随机性容易产生麻痹心理，导致应急管理松懈。

（3）潜伏性。表面上看，事故都是突发的。其实在事故发生前，人，机，环境系统的状态是不稳定的，有潜在的危险。如果这个时候有一个触发因素，将导致事故。忽视了潜在的危险源，这是思想隐患，一定要加以克服。

（4）可预防性。本研究认为事故的定义应包含事前的控制和管理思想，这样更能体现应急管理的意义。任何事故从理论和客观上讲，都是可预防的。在事故的应对过程中多主体参与，协同作用，组织人、财、物、信息等所有事故预防的资源，防止和控制事故发生。

（5）破坏性。安全生产事故发生以后往往会造成井下环境和工程设施的破坏，往往可能造成大量的人员伤亡和巨大的经济损失。

（6）继发性。煤矿事故可能诱发次生事故，或者两种事故交叉，瓦斯如遇到明火可诱发爆炸、火灾等事故，给应急管理增加风险；同时也会造成恐慌心理。

为了更好地应对煤矿应急管理工作，有必要对煤矿事故进行分类。在事故发生后便于及时提出相应的应急预案，按煤矿事故的性质，在生产安全上主要有八类：一是顶板事故；二是瓦斯事故；三是水害；四是火灾；五是放炮事故；六是机电事故；七是运输事故；八是其他事故。为了有效地管理事故，事故分类还可以根据事故的伤亡和损失的程度，对事故进行级别上的确认，在我国，2007年6月实施的国务院493号令把生产安全事故分成四个级别，见表3-1。

表 3-1 事故分类

死亡人数	重伤人数	经济损失量	事故类别
30人以上10~30人	100人以上重伤	1亿元以上直接经济损失	特别重大
10人以上30人以下	50人以上100人以下	5000万元以上1亿元以下	重大
3人以上10人以下	10人以上50人以下	1000万元以上5000万元以下	较大
3人以下	10人以下	1000万元以下	一般

3.2 煤矿事故的发展演化机理分析

引起煤矿事故的因素主要有人、机、技、环、管等因素，每个因素可以细分为特定的因素和指标，这些因素在一定的时间和空间的作用下，正常状态，煤矿能够安全生产，有效控制，当这些因素超出了各自的控制范围，成为危险因素，我们通过科学的应急管理，通过煤矿生产系统的自组织有序发展，系统产生协同作用，控制危险因子，回到正常的状态。这些能够抑制危险因子出现和发展的因素，我们称之为调控因子，对人、机、技、环和管因素的行为产生影响，对于煤矿生产系统来说，调控因子可以分为煤矿内部和外部的协同管理因素，通过调控因子保证整个系统的稳定，危险因子会转化为正常因子，或者由于科学管理，危险因子的作用被降低，如果能够及时发现事故的隐患，应急预防，并处理得当，就能够避免一场事故的发生。煤矿事故致因模型是一个有效的工具，反映了煤矿事故的发生机理，对我们研究应急管理工作有很强的指导意义。对煤矿事故来说，我们不仅需要认识其发生机理，还要认识其发展、演化机理，主动积极应急处理控制事故，利用有效科学的技术和管理方法来避免事故、减少损失。

本研究以瓦斯爆炸事故为例说明事故的发展演化机理，见图3-2。

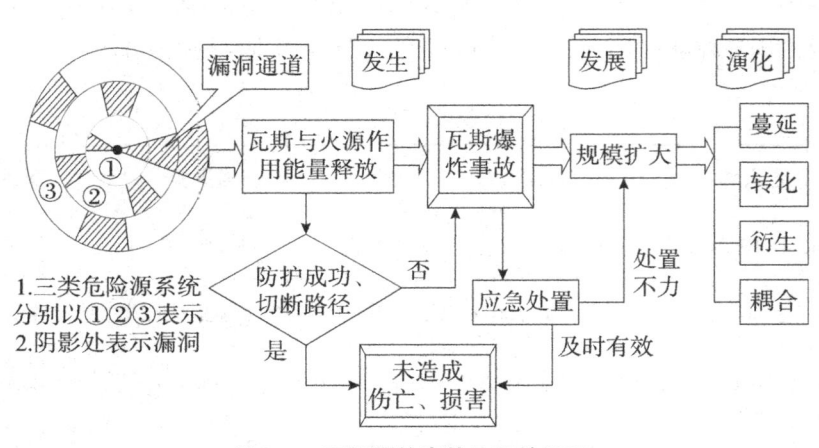

图3-2 瓦斯爆炸事故流程的机理

第三章 我国煤矿事故和安全应急管理现状分析

瓦斯事故可以分成发生、发展和演化三个阶段，若瓦斯涌出刚一发生就能得到及时处理，不会爆炸，也不会使人窒息死亡，故伤亡就不会发生；应急预防控制及时有效，如果瓦斯超限，再遇到明火，就会爆炸，井下工作环境受到极大破坏，有些幸存矿工及时利用井下避险系统自救，煤矿应急救援迅速行动，积极救援，尽可能减少人员伤亡，减小损失。总之，不论预防还是响应，都和煤矿的应急管理能力有关。因此，加强煤矿应急管理能力建设势在必行。

3.3 我国煤矿2003—2020年事故现状分析与趋势

最近十年来，伴随着我国经济的高速发展，我国煤炭工业相关部门加强煤矿安全管理，极力控制事故率，国家相继出台了一系列法律法规、规章制度以及相关行业的技术规程，安全形势有了明显好转，对减少事故发生起到一定的作用。2006年以来煤矿安全形势进入新阶段，煤矿事故数量和死亡人数同2005年相比，分别下降了11.9%和20.7%，成为我国近年来煤矿事故变化的分界线。2018年全国煤矿事故起数和死亡人数较2010年下降84%和86.3%，煤矿百万吨死亡率从0.749降到0.093，下跌87.6%。2019年煤矿死亡人数316人，同比下降5.9%，百万吨死亡率0.083，同比下降10.8%，安全生产事故实现了"双降"。2020年全国安全生产事故起数和死亡人数与2019年同期相比分别下降15.5%和8.3%，煤矿安全生产事故起数和死亡人数与2019年同期相比分别下降27.6%和27.8%。。

据专家统计2000—2012年煤矿事故类型特征和趋势，结果已经表明顶板事故数最高，平均占各类事故总数的51.22%，在煤矿事故死亡人数中，瓦斯和顶板死亡人数占中国煤矿死亡人数的60%以上，人们称瓦斯事故是事故中第一杀手。尤其在重特大事故中所占比例甚高。随后依次是水害、运输、机电、放炮、火灾与其他事故。

根据2013年数据统计结果显示（见表3-2），结论和过去一样，瓦斯类事故（突出和爆炸）、顶板和水害是我国煤矿事故防治工作的重点。

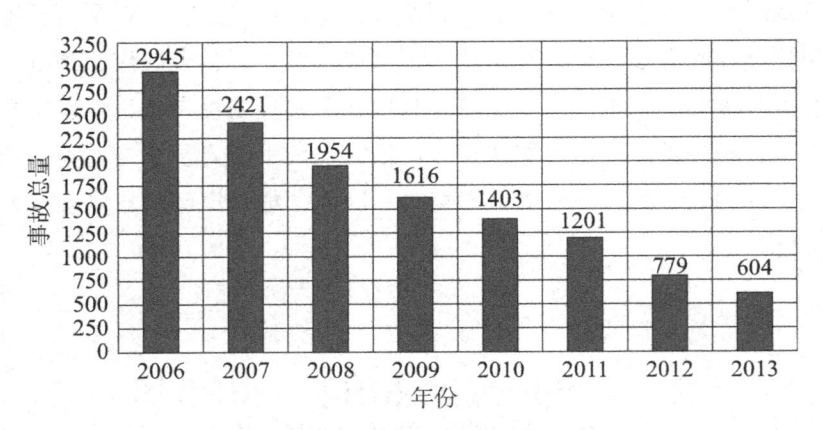

图3-3 煤矿2006—2013年事故发生起数

表3-2 2013年全国煤矿事故类别统计

事故类别	事故起数 本期实际	同比增减 ±	同比增减 ±%	所占比例%	死亡人数 本期实际	同比增减 ±	同比增减 ±%	所占比例%
顶板	274	-92	-25.1	45.4	325	-134	-29.2	30.5
瓦斯	59	-13	-18.1	9.8	348	-2	-0.6	32.6
水害	21	-3	-12.5	3.5	89	-33	-27	8.3
火灾	3	-2	-40	0.5	16	-11	-40.7	1.5
机电	41	-15	-26.8	6.8	43	-15	-25.9	4.0
运输	109	-36	-24.8	18.0	124	-77	-38.3	11.6
放炮	16	-8	-33.3	2.6	18	-7	-28	1.7
其他	81	-6	-6.9	13.4	104	-38	-26.8	9.7
总计	604	-175	-22.5	100	1067	-317	-22.9	100

虽然我国煤矿事故总起数和人员死亡总数呈逐年下降态势，由于我国煤矿井下开采环境复杂，重特大事故的致死率还很高，发生单次死亡10~29人的重大事故在2010—2012年持续增加，单次死亡30人以上的特别重大事故

每年都有发生，这期间，单次死亡上百人的事故 8 起。2009 年 11 月 21 日黑龙江某煤矿发生的瓦斯爆炸事故，事故造成 108 人遇难。

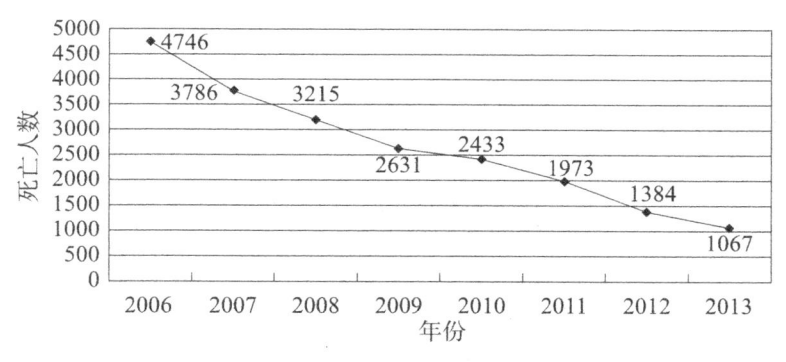

图3-4 煤矿 2006—2013 年事故死亡人数

根据《中国安全生产年鉴》对 2003-2020 年煤矿生产事故数量进行统计，见表 3-3：

表 3-3 2003—2020 年煤矿安全事故数量统计

年份	2003	2004	2005	2006	2007	2008	2009	2010	2011
死亡人数	6434	6027	5938	4746	3786	3210	2613	2433	1973
增幅（%）		-0.12	-1.48	-20.1	-20.2	-15.2	-18.6	-7.5	-18.9
百万吨死亡率	3.724	3.017	2.76	2.04	1.485	1.182	0.892	0.749	0.564
增幅（%）		-19	-8.5	-26.1	-27.2	-20.4	-24.5	-16	-24.7
年份	2012	2013	2014	2015	2016	2017	2018	2019	2020
死亡人数	1384	1067	931	598	526	375	333	316	228
增幅（%）	-30	-22.9	-14.3	-36.8	-12	-28.7	-11.2	-5.9	-27.8
百万吨死亡率	0.372	0.288	0.255	0.162	0.156	0.106	0.093	0.083	0.058
增幅（%）	-34	-22.6	-11.5	-36.5	-3.7	-32	-12.3	-10.8	-30.1

数据来源：2003—2020 年《中国安全生产年鉴》

根据《中国安全生产年鉴》绘制 2010—2020 年煤矿死亡人数和百万吨死

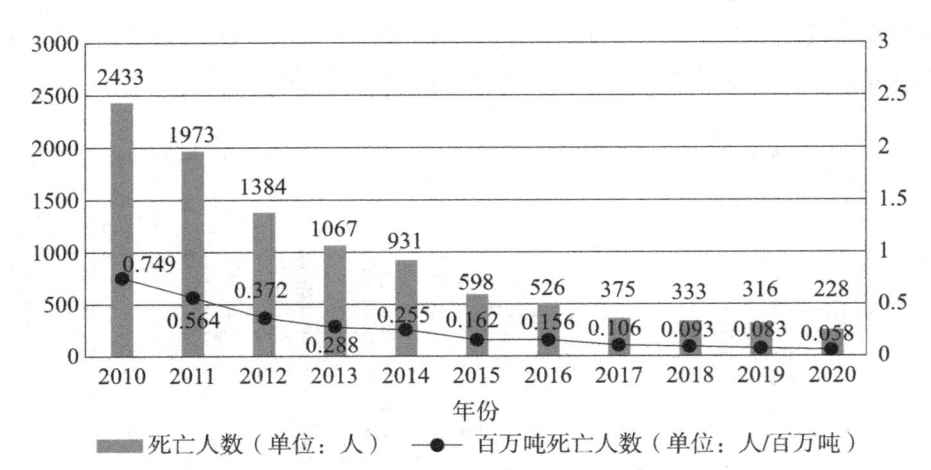

图 3-5　2010—2020年煤矿死亡人数和百万吨死亡人数变动趋势图

亡人数的变动趋势图，见图 3-5。

  从表 3-3 和图 3-5 也可以看出，虽然近年来煤矿安全事故依然存在，但 2010 年以后，事故起数和死亡人数开始出现双下降，2020 年，全国煤矿百万吨死亡人数达到 0.058 人/百万吨。另据我国事故调查和统计司统计，截至 2021 年年底，我国煤矿五年没有重大事故发生，连续十三年没有非煤矿山特重大事故发生的记录。与这些数据相对应的，是这十几年来我国在安全生产领域的投入和努力，尤其是安全生产的法制化建设和安全管理系统化建设，成效显著，功不可没。我国的安全生产管理体系和事故预防机制等尽管还有着各种问题，但其对于安全生产形势的持续改善和稳定好转，还是起到了很大的推动作用。为了控制事故率，国家还相继出台了一系列法律法规、规章制度以及相关行业的技术规程，尤其 2005 年颁布的《关于坚决整顿关闭不具备安全生产条件和非法煤矿的紧急通知》，安全形势有了明显好转，对减少事故发生起到一定的作用。2007 年 8 月 30 日，全国人大通过了《中华人民共和国突发事件应对法》。至此，我国一案（应急预案）三制（体制、机制、法制）一保障（应急保障系统）的应急管理体系基本形成。2018 年 4 月 16 日，应急管理部成立。目前，国家应急管理部组建成立已近六年的时间，新时期的具有中国特色的应急管理组织体系已基本形成。应急管理新体制具有以下特点：一是应急管理组织系统化；二是应急管理过程协同化；三是应急管理方式科学化；四是应急管理资源统筹化；五是应急队伍综合化。应急与安全事关重大，习近平总书记在主持2019年11月29日召开的中共中央政治局关于我国应急管理体系和能力建设的第十九次集体学习会议上强调，要使我国应急管理体系的特色和优势得到充分发挥，学习国外先进的应急管理做法，积极推进我国应急管理体系和能力现代化。指明了中国应急管理体系建设下一步的工作方向，也为我国应急管理体系的持续完善提供了重要依据。国务院安委会2020年4月28日印发了《全国安全生产专项整治三年行动计划》，围绕建立公共安全隐患排查和安全预防控制体系，坚持从源头上加强治理，并逐步建立相应应急处理机制，在此基础上积极开展应急能力建设。2020年1月新冠肺炎疫情暴发，既存在着风险和困难，也蕴含着巨大的机会变革，推进我国现代应急管理不断创新。在疫情应急处置过程中充分体现我国应急管理措施的有效性，体现我国突发事件治理体系所能发挥的巨大作用，能够实现对军队、医疗、建设等各类资源的快速调配，具有统一领导和指挥的能力。但是同时也存在诸多不足，比如，个别机关和部门应急管理能力不强，应急知识缺乏等。上述演变趋势表明，我国煤矿易发生群死群伤事故的状况不容乐观，我国煤炭行业还属于高危行业。

3.4 国外应急管理现状及经验借鉴

3.4.1 美国应急管理

1. 应急管理体制系统综合

在应急管理过程中，政府主导设有专门的综合性指导机构——联邦应急管理局，对所有突发事件综合应急和协调，设立10个区域中心协调地方安全应急机构，协同组织实施救援，美国的应急管理组织体系比较完善（见图3-6），并与城市消防、公安、卫生等部门有着密切的联系，相互救援，协同开展工作。扮演着重要的支援角色，同时结合和动员社会力量，成为政府主导力量的重要补充，强调充分的应急准备和广泛的公众参与。美国联邦政府根据事件复杂性、影响范围和严重程度等，将突发事件分为五级，尤其值得学习的地方，事故的分级管理包含了协同的思想。

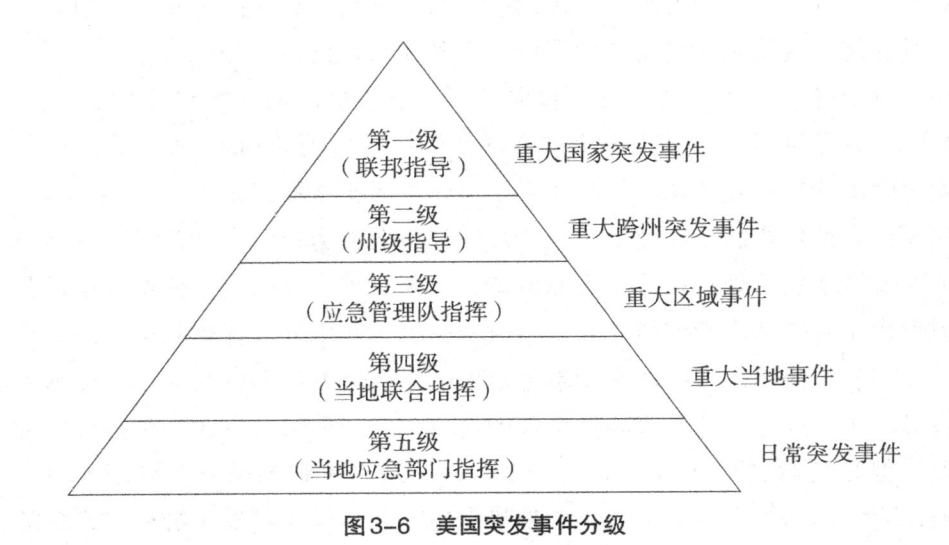

图3-6 美国突发事件分级

2. 应急管理法制健全完善

1988年国会通过了《斯塔福法》，在应对突发事件时，征用、调拨和补偿应急资源，甚至还要动用国家储备物资。通过签署区域应急管理互助协议，获取充分的救助资源，2008年1月出台《全国应急响应框架》，管理重心下移，明确职责，信息共享，规范准备工作，进一步加强应急响应中的协调，以便能快速开展响应和恢复工作。

3. 应急管理机制规范协同

美国应急管理原则坚持"预防为主，防救结合"的原则。2004年出台了"全国事故管理系统"就体现了全过程应急管理的思想，实施快速高效的准备、预防、应对和恢复四个阶段。该系统包括：事故指挥系统（ICS）、跨部门协调系统、公共信息系统。是一种规范化、统一高效的应急管理工作机制。从美国的应急管理运行机制可以看出，区域互助协调机制能够加强应急管理队伍和技术装备建设，联动机制能够充分整合应急救援力量，达到快速、有效的应对效果，减少事故损失。另外，美国全员应急培训体系较为完善，体系具有分类别、多层级、全方位、广覆盖的特点，在实际中具有很强的可操作性，从中我们得到启发，加强区域协同，提高应急能力，建立协同机制，是煤矿企业应急管理稳定发展的内在要求。

3.4.2 英国应急管理

1.运行机制有效协作

提出"系统抗灾力"理念，注重事前、主动、系统地应急管理，英国建立了中央政府三级响应，和美国不同，英国没有常设机构，但有专人负责。根据事件的严重程度和影响范围，分为三级响应，分别由主责政府部门（LGD）、内阁紧急应变小组（COBR）和国民紧急事务委员会（CCC）负责协调，地方层面依靠"金、银、铜"三级指挥的运行机制，"金"层级要解决"做什么"的问题，"银"层级主要解决"如何做"的问题，"铜"层级负责具体实施。实现了应急处置的快速、高效与全面。

2.注重应急管理规程建设

在应急安全管理中，英国尤其重视风险预控，包括识别、测量、登记。制定了各种应急管理指南、标准等强制性文件，推动协调协作、确定培训内容，英国成立应急规划学院（EPC），提升应急处置能力。政府还及时在应急实践中总结经验教训，学术机构进行研究并形成成果，告知、传播与普及应急知识。

3.突出地方政府的主导作用

应急管理"去中心化"，坚持"分级响应，重心下移"的原则，实行分级管理，以属地应急救援为主，同时为了避免条块分割、推诿扯皮，真正做到危机管理的属地化。地方通过抗灾联席会议（RRF）沟通与协作，平时负责地区应急计划、预警和训练等，灾时负责协调各方力量有效应对突发事件。

3.4.3 德国应急管理

1.层次清晰的运行体系

德国把应对突发事件分"平时"和"战时"，平时由州政府负责，分工明确、协同配合地开展全面危害分析和风险评估。联邦政府负责把各专业结合为一个统一、高效的民事保护体系。应急管理重心下移，州成为应急管理的核心力量，有效地加强了行政管理、技术援助机构和信息协调机构之间的协调。

2.专业化及社会化相结合的应急队伍建设

德国的救援队伍专业化程度较高，除了训练有素、装备精良的救援队伍。社会力量是政府力量的有力支撑和补充。为了提高应急能力，德国培训也很有特色，包括专业培训、志愿者培训和社会教育三部分。专业培训突出跨地域、跨部门的联合救灾能力，志愿者培训和社会教育向人们提供各种自我安全保护的知识。与BBK合作的有德国红十字会（TRK）、德国工人救援协会（ASB）等5家组织，提供了130万志愿队员和50万义务工作者。德国的经验告诉我们，应对突发事件，整个社会要发动起来，要动员全民的力量，要紧密协调配合，这些组织包括了政府、企业、科研机构，以及一些非政府组织。

3.5 我国煤矿应急管理存在的主要问题

1.组织指挥系统有待协同

目前，我国的煤矿应急管理实行自上而下式垂直管理。基本原则是"分类管理、分级负责、属地管理、条块结合"，地域上实行属地管理。但各部门之间协调力度不够，协同性较差。由于地方保护主义、部门色彩浓厚和行业利益化等原因，"条"和"块"之间相对松散，职责交叉，缺乏有效的跨区域、跨部门、跨行业横向联动协调机制。问题主要表现在多部门联动上，各部门各自为战，彼此之间无法协调，甚至发生内耗，影响应急管理效果。有些区域虽然建立了联动机制，但是在涉及协同问题上，比如人员、装备、技术支援等利益问题时，在实际上操作性很差，影响机制效率。

2.应急过程有待完善

应急管理是预防、准备、响应和恢复全过程的管理，但是，在现实中，重即时应急，轻前防后思，割裂了整个过程，没有进行全过程管理，造成流程不清、步骤混乱、协调不力、执行不顺、沟通不畅，极大地影响了煤矿应急管理效率。因此，煤矿应急管理的各个阶段、过程等都必须打破原有的界限，用系统的观点统筹考虑，使其相互渗透、相互作用，形成一个有机的整体。

3. 应急决策加强科学性

由于事故应急需求的多样性，应急决策不仅需要快速制定，而且涉及机械、安全工程、气象地质、数学理化等多个学科，应急决策中存在利益相关者众多、决策过程混乱、标准差异性，导致了决策沟通协调困难、信息处理与传递成本高，降低应急管理效率。

决策在应急管理当中主要解决的是三个问题：一是时间问题，怎样获得更多的时间，要争取更多的救援时间，时间就是生命；二是考虑怎么获得准确的信息，你知道的信息越准确，对你做出正确的判断越有利；三是如何有效地配置现有的资源，在处理事故过程中，资源都是稀缺的，在时间上具有紧迫性，如何快速调动这些资源，如何有效配置？如何使这些资源能够在应急救援当中得到充分利用。实际在应急预案中很难体现协同性，与实际有一定差距，应急管理及处置措施缺乏可操作性。处置措施是否管用、处置责任是否明确是决定应急效果的关键，表现在应急决策有效性不强。一旦发生事故，由于事故的突然性，信息的高度缺失性。不能科学决策。应急管理部门缺少相应的决策咨询机构支持，煤矿应急管理决策人员大多依靠经验决策，不能给指挥决策提供有力的支撑。有时意见分歧，不能协调配合，导致贻误战机，有时未经专家论证，盲目决策，甚至决策失误造成事故危害扩大。

4. 应急资源配置优化

应急资源力量分散，区域布局不尽合理，资源低水平重复建设，甚至存在盲区，应急物资储备数量少，这些问题在我国各地区普遍突出存在，不能有效快速地完成应急救援行动。如果应急资源不能及时保证救援，极易造成事故扩大。救援队伍布局也不能满足整体的需要。每个煤矿应急能力都是有限的，应急资源是有限的、稀缺的，无法实现紧急情况下的资源共享，无法达到合理配置，应急管理资源调配与救援行动不一致。

3.6 本章小结

本章首先利用数据和图表分析我国煤矿事故现状和趋势，总体上看，事故突发形势依然严峻，煤炭业仍属于高危行业。同时，借鉴了国外发达国家应急管理经验，其次，从煤矿应急救援体系和煤矿应急救援能力基本状况两方面总结了我国的情况，最后，提出了煤矿应急管理存在的问题，包括组织系统有待协同、应急过程有待完善、决策加强科学性和资源配置优化。

第四章

基于协同的煤矿应急管理系统构建

4.1 煤矿应急管理系统分析

4.1.1 煤矿应急管理系统含义与特点

煤矿应急管理系统是煤矿应对和处理事故的计划、组织、流程、资源、人员及其相互关系的集合，系统包含应急管理整个过程，是一个由应急预防、准备、响应和恢复等阶段构成的系统工程，运用各种技术手段和方法，以期有效预防和处理煤矿事故，减少损失，按照煤矿事故应急的整个过程，事前，系统应该制定预案，监测危险源，教育培训应急人员、储备应急资源；事中，系统能有效运转，能够进行事故的研判、启动相应的应急预案、决策分析、指挥控制；事后，系统能够有力完善，实现恢复、评估、学习等功能。

1. 系统性

煤矿应急管理系统是由相互联系、相互作用的结构性和非结构性要素组成，通过控制和分配物质、能量和信息以满足特定功能的有机整体，科学决策，组织按其适当的方式行动，在预防、准备、响应和恢复的过程中发挥作用，为了实现组织目标，子系统担负不同功能，执行不同角色，组织结构包含能量流、信息流和资源流，这些要素关联个体和组织，理想的状态下，它们相互适应，形成个体无法实现的效果，最大限度地减小事故的负面影响。

2. 动态性

事故处于发展变化之中，并随时间推移而变化，煤矿应急管理系统在不同的阶段面临的风险也有所不同，面临的问题也不同，系统要动态地管理和控制风险，系统要根据每一个阶段遇到事故的不同风险因素和风险源的种类，针对不同阶段的需要，控制风险升级。

3.预防性

煤矿应急管理系统作用在于帮助煤矿避免风险,构建系统要有效分析和预测危机,并发出相应的预警,同时预防性原则要求系统输出的预警信号对危险源的鉴定具有前瞻性。促进各子系统和要素的协同,可以厘清各种关系并进行有效协调,来保证应急管理顺利实施,从而达到预期目标。

4.1.2 构建煤矿应急管理系统的目标

在煤矿事故发生规律的基础上,根据应急管理全过程理论,煤矿应急管理系统在不同阶段要达到不同的目标:一是平时状态早做准备;二是警戒状态积极预防;三是战时状态快速响应;四是恢复状态妥善恢复。

4.1.3 系统构成

煤矿的应急管理是一项复杂的系统工程,本研究利用霍尔三维结构模型来分析,1969年美国系统工程专家霍尔(Hall)首先在他的著作《System Science》中提出了霍尔三维系统,目前广泛应用在社会科学各领域,我们参考Zachman框架模型以及国内学者的研究成果,结合煤矿的实际,提出了煤矿应急管理系统的三维结构模型,这个系统包含三个维度:功能维、时间维和保障维。见图4-1:

(1)功能维。它包含的要素都是在煤矿应急管理中发挥着重要作用,主要包括组织子系统、决策子系统、过程子系统和资源子系统,本研究以此来构建煤矿应急管理系统。

(2)时间维。表示应急管理的工作开展顺序,各项工作相互关联,包括:应急预防、应急准备、应急响应和应急恢复。

(3)知识维。是指各种体制、机制和法制等专业知识,包括管理科学、法律法规、体制机制、标准规范、信息技术等。

在煤矿应急管理系统三维结构模型中,三个维度结构要素之间相互影响、相互联系和相互作用,功能维是主体,发挥应急管理各环节作用,时间维是

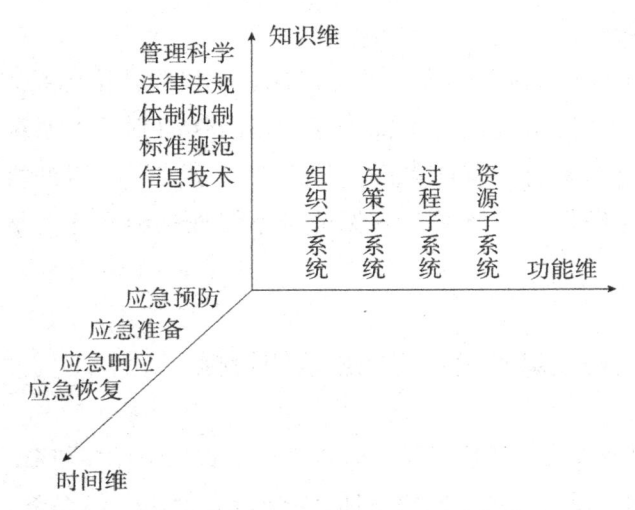

图4-1 煤矿应急管理系统的三维结构模型

关键，提供应急管理各阶段的任务，知识维是保障，提供基础性保障，其关系见图4-2。

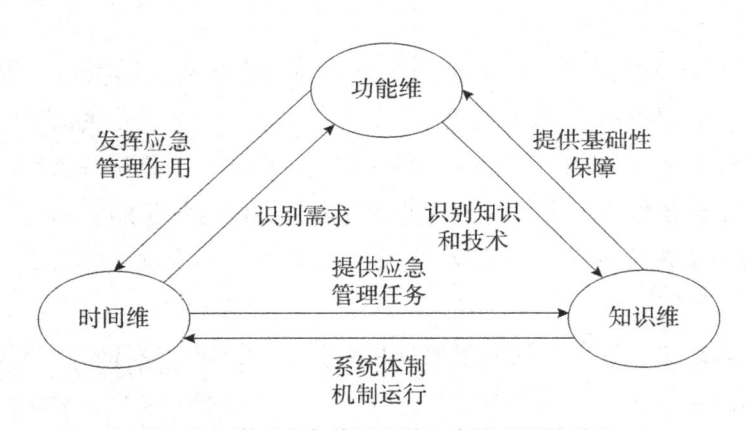

图4-2 煤矿应急管理系统三个维度间的关系

4.1.4 煤矿应急管理系统的构建

为了建立一个清晰的系统，本研究按照功能维和时间维相结合来分类，系统可以分为决策子系统、组织子系统、过程子系统和资源子系统。其中，组织子系统负责应急管理统一指挥，形成最直接有效的行动支持，提供强有力的组织保障。决策子系统为组织指挥提供决策支持，根据事故的发生及演变规律，科学决策，体现应急管理系统科学化和高效化。过程子系统是系统的核心，负责执行各种应急管理任务，由于过程中四个阶段管理重点和工作内容各异，需要对应急管理过程中的不同环节、业务进行科学安排，通过在空间上、时间上相互衔接平衡，紧密配合，有序协调。提高组织效率，加强资源需求与能力的匹配。资源子系统保证应急管理储备和调配，有效地保障并促进了整个系统的正常运转，保证处置过程的高效运行。煤矿企业应急管理系统并不是一个封闭的系统，而是与周围环境紧密相连的开放系统。

以上提出的四个子系统都是煤矿应急管理系统中的要素，环环相扣、互相支持、缺一不可。见图4-3，为了使煤矿事故产生的消极影响和损失降至最低，煤矿应急管理系统四个子系统彼此之间相互联系和支持，各子系统发挥着不同的功能作用，各子系统在结构上要发挥整体功能的要求，按照一定的原则和规范，以过程管理为主线，系统之间进行组织管理、组织协同和资源优化，煤矿应急协同管理的基本思想正是将协同的理念和煤矿应急管理的实践相结合，以系统的思维，从煤矿应急管理的全局出发，对事故应急管理的实施的全过程进行科学、系统的管理。

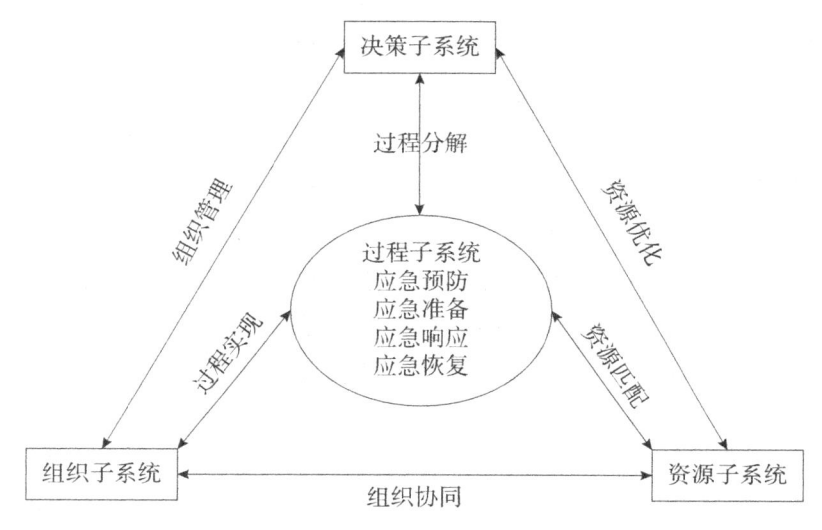

图4-3 煤矿应急管理子系统间的关系

4.2 煤矿应急管理系统内容架构

4.2.1 组织子系统

1. 组织系统的组成

组织指挥系统是煤矿应急管理系统的核心，它的作用是负责调度和整合整个系统，系统之间存在很强的逻辑关系，组织指挥对应急事件有部署和安排的能力，另外三个子系统从体制、机制、资源、决策等方面构成最直接有效的行动支持。在应急管理组织指挥理念上，现在提倡"关口前移、预防为主、防治结合"，以确保有效的组织、指挥和协调。

美国应急管理体系实行联邦政府、州和地方的三级反应机制。对灾情汇集、灾情研判、救援指挥和信息系统水平高，相应法律比较完善。2003年非典后，我国应急管理体系向综合应急管理转变，向全过程的应急管理转变，逐渐形成了"统一领导、综合协调、分类管理、属地负责"的应急管理体系，现在我国煤矿安全应急管理的基本格局"国家监察、地方监管、企业负责"，坚持以属地管理为主、高位支持为辅的原则，就要处理好行政推动和属地管理之间的关系。重大事故的应急管理是一个跨区域、跨时段的综合性系统管理工程，而不是一个组织就能有效完成，在很多情况下，应急管理需要社会各个部门通力协作，积极配合。事件应对过程中建立科学合理的机制，提高应对效率。努力实现协同的综合应急，2010年3·28事故成功救出115人的经验启示，整个抢险救援过程表现出很高的指挥协调能力，协同了许多专家、技术力量、救援物资、救援人员、电力保障等参与救援。

我国煤矿长期以来在"条块分割，属地为主"思想下，应急协同管理实施难度很大，虽然安监部门也建立了应急联动指挥中心等机构，但是这些机构工作职责仍然不是很明晰，实施效果较差。Drebek（1985）指出，在应急管理过程中，多部门、多机构之间沟通困难重重，必须开展综合性应急管理，建立多部门、多机构有效运作的应急管理体系。

目标是系统协同要达到的结果，就权限划分来说，主要指组织机构(含岗位)及职能分配。应急体系是一个全方位、立体化、多层次和综合性的应急管理网络，是一个能动员多维度、多领域和多层级的协同系统。组织系统由五个机构组成，分别是：应急指挥机构、事故现场机构、协同支持机构、媒体机构和信息管理机构等，运作关系见图4-4。

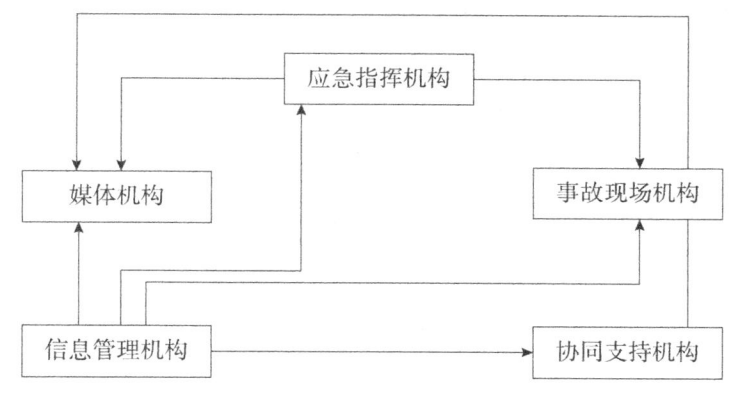

图4-4 应急管理组织机构的运作关系

2.组织系统的时空结构

（1）空间结构

第一层面：应急指挥机构是核心，负责保证各个机构的有效协同配合，实现应急集成化管理，进行合理的职能分工。

第二层面：协同支持机构。其主要职责是为应急管理的处置与指挥提供最有力的支持和保障。在人员、装备、通信、交通等人员和技术等方面支持应急活动，同时负责收集、整理、核实、评估、发布事故应急的各类信息；为应急指挥提供情报信息保障，及时通报情况。

第三层面：现场指挥部，负责事件现场处置工作的指挥。现场指挥部包括现场指挥员、若干行动组。现场指挥部要做好与以上两个层面的协同工作，首先保证信息畅通，为专家组提供及时和正确的信息，提高决策质量，其次，现场资源需求迫切，要保障所有资源全力以赴支持现场救援。见图4-5。

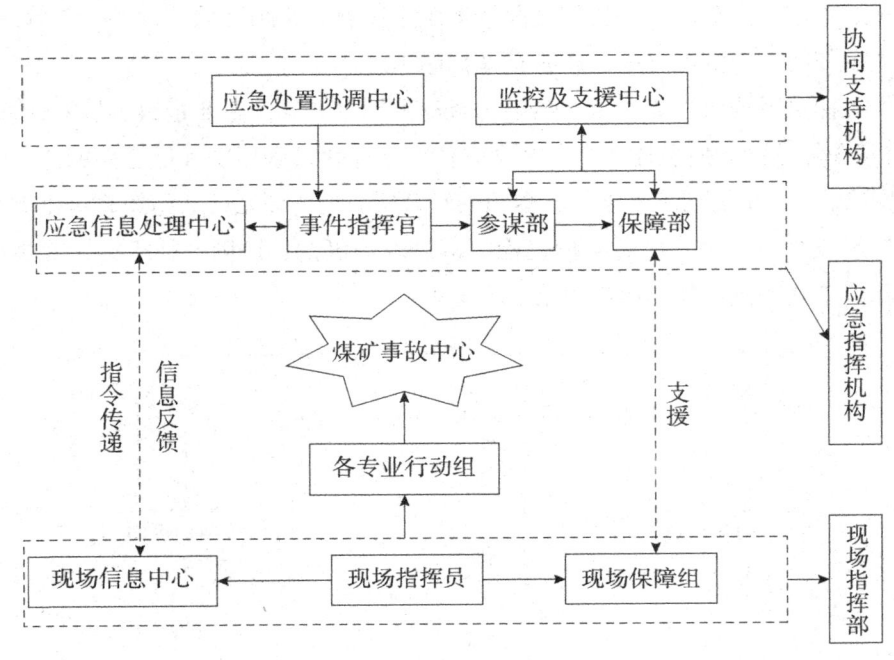

图 4-5　应急管理的空间结构

（2）时间结构

煤矿应急管理是一个动态的循环过程，为实现应急目标，通过协同发挥出整体管理功能，时间结构是指从常态转变为非常态（应急状态）的一种变动结构，见图 4-6，应急主体间及主体环境间交互作用，并在第一时间应急响应，根据事故的发生状态，有平时和战时两种运行状态：平时防范，战时救援，平时处于常态，煤矿事故发生后，迅速转变为非常态；事故后，运行状态又回到常态。

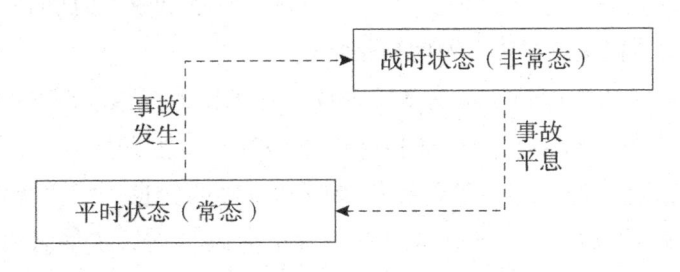

图 4-6　应急管理的时间结构

3.煤矿安全应急管理的组织设计

（1）总体架构

依据系统组织学原理，按省区、市区和矿区分级，成立区域协同组织，区域内外组织协调，从而形成"纵向一条线，横向一个面"的组织格局，形成动态协同管理组织，不同级别的响应，需要应急计划、援助协议、协同体系和信息保障，这将极大地提高应急工作效率，见图4-7和图4-8。

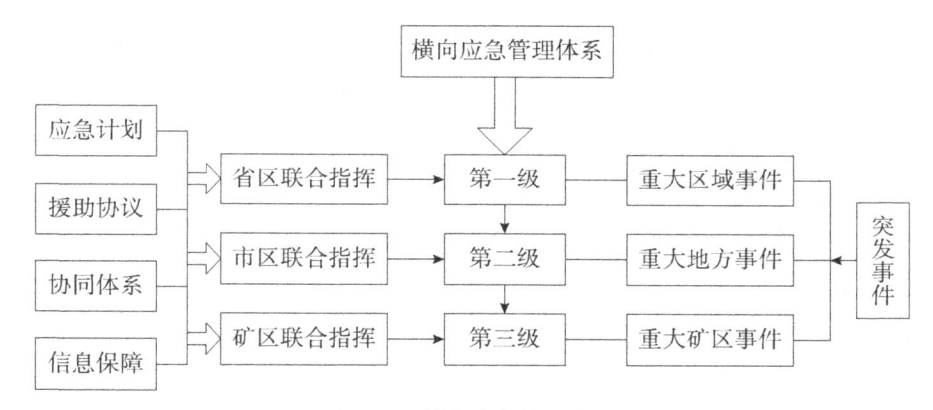

图4-7 横向应急管理体系

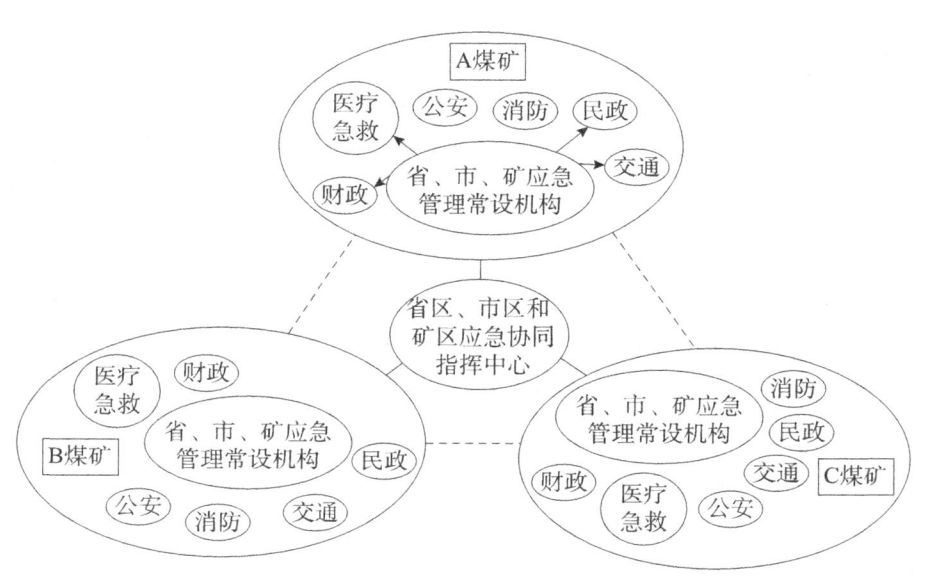

图4-8 纵向应急管理体系

在安全应急管理中动态协同组织的最大特征是强调灵活、机动，有很好的敏捷性特征。结合网状虚拟组织结构的特点和事故应急管理的发展趋势，可以看出动态协同组织结构是最适合事故应急集成化管理的现代组织形式。这种组织形式要协同的是各煤矿主体，同时还可以充分利用社会力量，比如公安、消防、医疗、交通、财政等系统。根据上文的论述，在应急管理中，煤矿是第一响应人，是第一主体，区域内相邻煤矿共同开展应急管理，平时，联合进行应急学习和交流，开展不同层次培训，进行矿区、市区和省区应急演练，战时，一方有难，八方支援，快速响应，避免和减少事故带来的损失。

（2）基于组织理论的煤矿ECOS

基于组织理论，借鉴C4ISR（指挥、控制、通信、计算机、情报、监视和侦察）系统来设计组织结构，煤矿应急管理过程中，每个阶段都和C4ISR系统相似。该系统是由美国国防部提出来的，对一般系统的构成要素组织结合、信息流动和控制机构等进行分析，体系结构由3部分构成：作战体系结构、系统体系结构和技术体系结构，从这三个方面描述需求、能力、任务和技术等要素，实现协同。事故应急组织是个多种知识和技术构成的团体，作战视图是任务和行动，也是作战职能和逻辑要求，确定各参与方的具体职责和事故应急管理的实施计划。系统视图设计系统的能力和性能，按照事先规定的标准和要求，合理利用资源，完成作战任务和行动的完成，起到连接作用。保证事故应急组织的努力目标与企业事故应急需求保持一致；技术视图是规范为基础，确定标准、规则和协议，支配系统运作，促进各方之间的合作和相互信任。

各级政府应急部门呈金字塔结构，属于管理结构，中国煤矿安全监察从上到下有国家、省、地方三个层次，体现层次性和权威性特点。根据各地煤矿的特点，形成"横向联通、纵横一体"的矩阵结构。见图4-9。成立区域级协同应急部门。任务小组可以有多个，结合区域内的事故状况，分别处理各种工作任务。体现临时性特点。小组主要由安全管理人员、煤矿救援人员组成，采用任务小组结构，相互信任、共享目标，协商制订应急决策方案。应急态势环境主要包括应急响应级别提升及应急目标集变化。

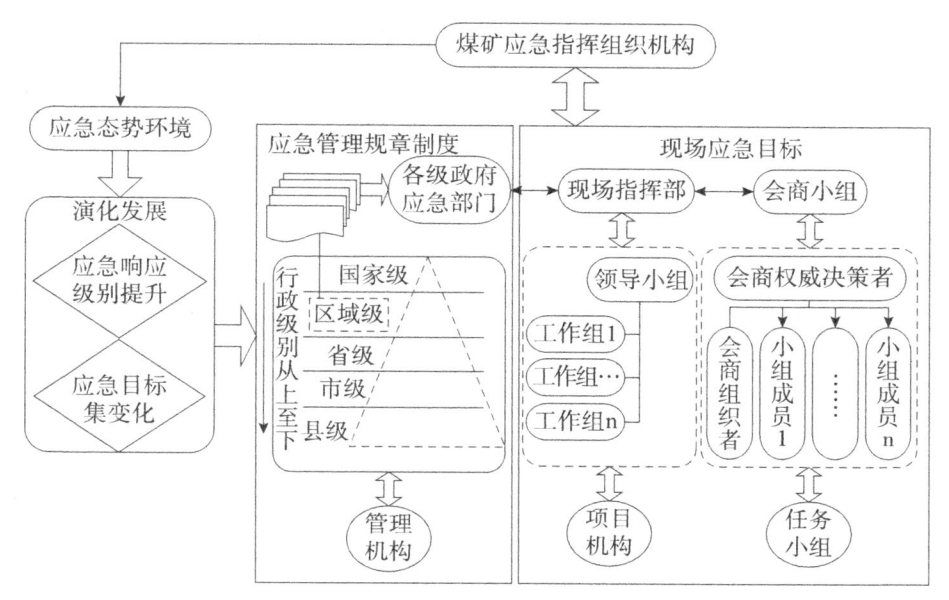

图 4-9 基于组织理论的煤矿 ECOS

4.2.2 过程子系统

1.应急预防

预防比解决更重要。建立预警机制不但可以减少突发事件发生的可能性，同时还为应急响应阶段打下良好的基础。

（1）事故应急救援的组织机构与职责划分

事故的应急救援行动往往涉及多个部门，因此应预先明确，在应急救援中承担相应任务的组织机构及其职责。比较典型的事故救援机构包括：

①应急救援中心。该中心是应急救援系统的整体核心，其主要任务是对整个救援任务进行统一的筹划和布置；如果需要，应立刻集合各相关安全部门和应急部门的高层领导到应急指挥部，开展现场外的增援。

②专家组。在应急救援过程中，应急专家主要发挥其顾问的重要效用。帮助决策者进行判断。主要包括评估重大危险源、应急保障资源的配置、对突发事故的状态和发展态势的预测、对应急力量的整合和安置、对自身防御保护、疏散群众、监督检测、清理恢复现场等工作给出决策性建议。

③医疗救护治疗站。该部门一般是由各医院和急救中心构成。其主要的责任是在事故现场组建一个医疗急救站,实施对现场伤员的紧急救治处理,在有必要的情况下,及时转移到医院进行治疗。

④应急救灾组。矿山军事化救护队,承担着抢险救灾的重要任务,其职责是尽可能、尽快地控制并消除事故,营救受害人员;并负责迅速测定事故的危害范围和危害性质等。

⑤秩序与警戒组织。通常情况下,这一组织是由四部分组成,包括当地的公安局、军队、武警和联防部队等。这一组织的主要任务是管理和控制事故影响区域外的交通,禁止突发事故威慑区域内的民众误入事故现场;安排指引事故区域内的交通,确保区域内部人员疏散和车辆行驶的通畅。

⑥后勤保障组织。该组织主要是为突发事故应急救援供应必需品,如各类装备、设备、资金、物资等,主要服务对象有:信息通信管理部门、道路交通指挥部门、供电部门、市政部门、物资供应部门等。

⑦信息发布中心。该中心主要有信息宣传部门、新闻媒体等,主要职责是对突发事故和应急救援信息的集中有序的发布。及时地向民众公布相关的信息等。

(2)应急预警

隐患监测与预警体系的建立是应急能力准备阶段的主要支撑,对生产作业过程中的各数据进行实时的监测,是有效防止事故发生的手段。矿山地下作业是有别于其他生产系统的,与地面作业相比,最显著特点是它具有许多不安全的自然因素:瓦斯、围岩压力、煤尘、火灾等事故都会威胁着作业系统和工作人员,因此,掌握整个作业系统的状态,判断是否存在危险,摸准突发事故发生的基本规律,预先报告可能会出现的危险及突发事故,以便采取相应的预防措施。在分析危险源识别的基础上,当事故发生后,要预见周边哪些区域或人容易受到破坏影响。对重大事故出现的概率,以及发生后将对造成的破坏进行评估预测,从而有效地判断出发生重大事故的风险大小。分析事故破坏程度,即事故的风险性,提高预案的可操作。重大危险预案风险评估分级程序,见图4-10。

矿井作业过程中的危险因素包括:瓦斯灾害、火灾、水灾、煤尘灾害、地压灾害五大因素。井工开采的矿井重大危险源。根据煤矿企业存在的重大

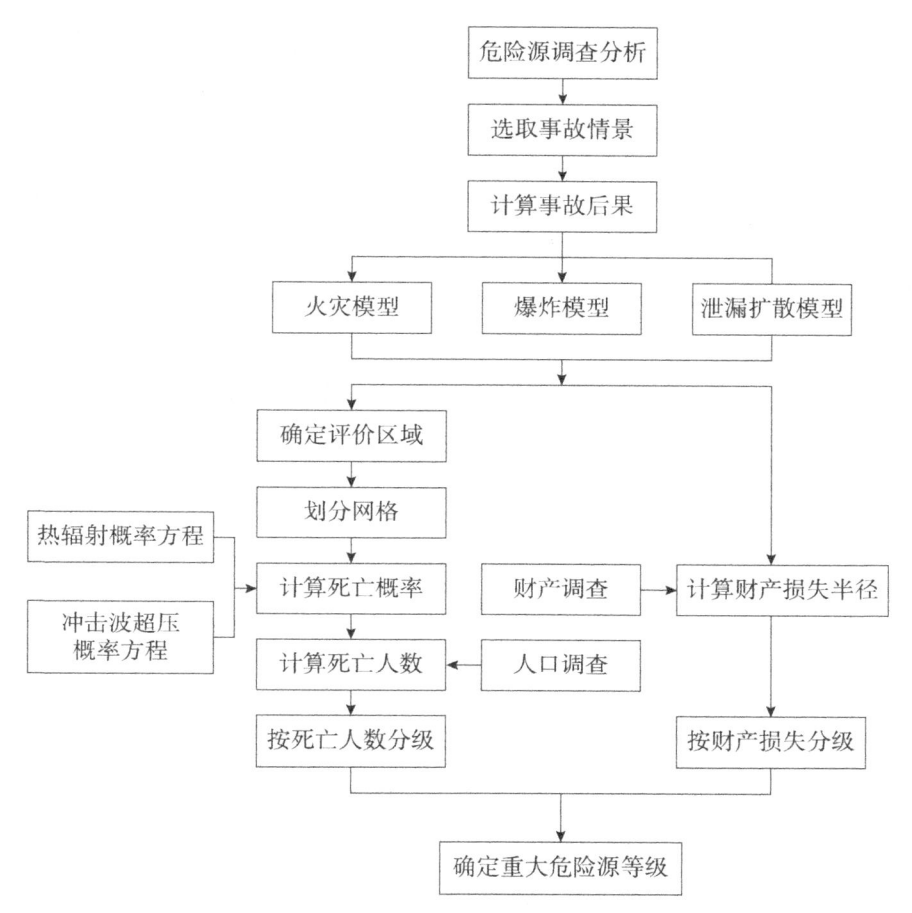

```
                    ┌──────────────┐
                    │ 危险源调查分析 │
                    └──────┬───────┘
                           ↓
                    ┌──────────────┐
                    │ 选取事故情景  │
                    └──────┬───────┘
                           ↓
                    ┌──────────────┐
                    │ 计算事故后果  │
                    └──────┬───────┘
              ┌────────────┼────────────┐
              ↓            ↓            ↓
        ┌──────────┐ ┌──────────┐ ┌────────────┐
        │ 火灾模型 │ │ 爆炸模型 │ │泄漏扩散模型│
        └────┬─────┘ └────┬─────┘ └─────┬──────┘
             └────────────┼─────────────┘
                          ↓
                    ┌──────────────┐
                    │ 确定评价区域 │
                    └──────┬───────┘
                           ↓
                    ┌──────────┐
                    │ 划分网格 │
  ┌──────────┐      └────┬─────┘
  │热辐射概率│           ↓
  │  方程    │──→┌──────────────┐   ┌──────────┐   ┌──────────────────┐
  └──────────┘   │ 计算死亡概率 │←─│ 财产调查 │──→│计算财产损失半径 │
  ┌──────────┐   └──────┬───────┘   └──────────┘   └────────┬─────────┘
  │冲击波超压│          ↓                                    │
  │概率方程  │──→┌──────────────┐   ┌──────────┐            │
  └──────────┘   │ 计算死亡人数 │←─│ 人口调查 │            │
                 └──────┬───────┘   └──────────┘            │
                        ↓                                    ↓
                 ┌──────────────┐              ┌──────────────────┐
                 │按死亡人数分级│              │ 按财产损失分级   │
                 └──────┬───────┘              └────────┬─────────┘
                        └────────────┬──────────────────┘
                                     ↓
                          ┌──────────────────┐
                          │确定重大危险源等级│
                          └──────────────────┘
```

图 4-10 重大危险源评价分级程序

事故危险类别，将存在的危险物质及其数量作为参考因素，确定煤矿井工开采的矿井重大危险源为：高瓦斯矿井、煤与瓦斯突出矿井、有煤尘爆炸危险的矿井、水文地质条件复杂的矿井、煤层自燃发火期小于6个月的矿井、煤层冲击倾向为中等及以上的矿井。煤矿瓦斯爆炸、火灾、顶板、突水、煤尘爆炸、煤与瓦斯突出等都能引发重大事故。因此，通过对煤矿企业基础资料的调查与收集，在编制应急预案时，就可以对企业内存在的重大危险源进行识别，确定煤矿企业的重大事故危险源。

2. 应急准备

（1）应急预案的编制和评估

应急预案是应急管理的龙头，是我国"一案三制"的起点，编制预案时，需要体现出其实用性、合理性。编制时要有理有据，充分考虑煤矿企业的危险源识别、安全现状、应急准备与响应能力，分析各数据结果，综合调查后进行编制。应急预案的编制是一个较复杂的过程，包括六个步骤：一是成立编制小组；二是危险辨识分析；三是预案分工编制；四是系统集成统一；五是内外综合评审；六是批准发布实施。见图4-11。

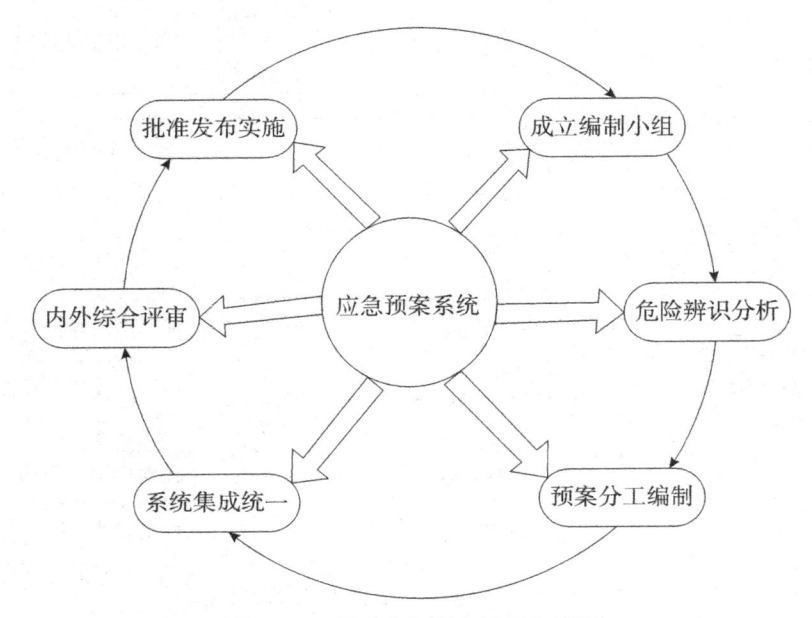

图4-11 煤矿应急预案的制定过程

（2）预案分级及评估

对待不同矿井，不同类别的事故，要对其预案进行分级编制。一般情况下，我们会将事故应急预案分为三个层次，即矿级、市级和省级。

①矿级预案。应用这一级别预案的事故，其有害影响范围仅限定在某个单位或地点内，但可能需要全单位的人力、物力来掌控。虽如此，却不会扩大影响范围，而且可以被现场的管理者控制在界限内。

②市级预案。应用这一级别预案的事故，其所涉及的有害范围比矿级要大，可以扩大到公共区域，包括民宅等，但却可以通过市区内的应急救援力量对其进行有效的掌控，使其不再继续恶化。

③省级预案。应用这一级别预案的事故，其规模应是巨大的，属于灾难

性事故，这需要其所在地区设有专门的应急救援力量，专业的技术设备，用全省内的力量来对其进行控制。对于煤矿企业，其发生较大的事故通常属于这一级别。

应急预案要发挥作用，必须具有很强的可操作性、科学性。对应急预案评估的指标体系见表 4-1 所示。我们可以通过应急预案评估来加强预案的科学性。

表 4-1　应急预案评估的指标体系

一级指标	二级指标	指标解释
应急预案内容的合理性	应急方案的合理性	应急方案要针对突发事件，有针对性和科学合理性
	应对过程任务的明确性	各个机构的权利隶属关系和人员职责明确，事故发生时，机构人员能够迅速进行反应，保证应急响应顺利进行
	应对步骤的合理性	具有符合逻辑顺序的操作步骤才能使得处置过程顺利进行，不会出现步骤顺序错乱而停滞的状态
应急预案实施的可操作性	情景对应方案的可调性	根据实际发生的情况，情景的方案可以较为便捷地进行调整
	决策的正确性	针对事故，专家组进行分析，不同的事故情景，采用不同的决策方案
应急预案保障的充分性	政策保障的充分性	应急预案中要有充分的政策保障，才能确保在应急过程中不会出现部门的冲突
	资源保障的充分性	应急过程中要有充分的资源才能保障应急过程的顺利实施

（3）应急的专业培训

目前，煤矿缺乏专业的事故应急、监测和处置的专业人员，应急的基本训练不足，缺乏有效的技术培训。由于煤矿事故的特殊性，没有任何分析仪能够检验或预测。因此相关人员必须接受培训，充实应急知识，提高应急技能。培训内容予以归类，结合煤矿实际，进行合适的应急培训。见表 4-2。

表 4-2　煤矿应急培训对象和培训内容

培训对象		培训内容
煤矿应急培训对象与培训内容	应急指挥人员	应急决策的理论和方法
		应急预案的编制和评估
		典型案例的经验学习
	应急专业人员	各种主要事故的隐患排查、预防措施和处理方法
		自身防护技术
		救援知识和救援设备的使用
	矿山救护队	任务的目的和如何完成任务
		各种装备、器具、工具的使用方法和技能
		信息沟通的工具和使用方法
	井下矿工	安全应急意识
		分析事故危险源和应对各种事故能力
		避险、自救与互救的能力

（4）应急资源保障和准备

在应急响应阶段，其重要保障就是各类资源的配备。在煤矿企业突发事故的应急预案中，必须确切地指出各类救援资源，如资金、物质的准备情况，以及施救开始时和过程中所需的技术资料、应急装置等，同时要保证这些资源使用的有效性。

①应急救援资源的保障。应急救援的各类资源、物质的保障分为内部保障和外部保障两种。在已经存在的资源总结的基础上，内部保障所包含的内容为以下几点：保障内容的明细目录；各项应急装备、设备、物品、药物、消防器材等及其寄放点和看管人；应急救援队伍的确定；信息通信网络；负责运送任务的车辆安全；工作人员自身的防护装备；应急所需电源；责任制及其他规章制度。对外部保障的内容作如下概况：相互支援的模式；政府、煤矿集团企业和社会力量救助机制，专家提供的信息与方案。

②煤矿突发事故应急救援的必备资料。这些必备资料主要是一些平面图和相关数据，其中主要包括井下瓦斯浓度、煤尘量的监测数据、井下温度、全矿井的井下作业平面图和立体图、全矿井的井下运输路径布局图、巷道的布局安排图、信息通信网络图、矿井内的瓦斯抽放、煤尘治理、防火通风、排放水、灌浆等管路系统图、井下避难路径、地点安排图、作业装置的使用说明、为协同使用的通信设备和电话号码等。

③应急物资设备。在煤矿突发事故应急时，需要确保所必需的应急装置设备的完好。这些装置主要包含：突发事故报警及信息通信系统、矿井下应急照明、应急电源系统、人员急救设备，如呼吸器、自救器等、安全避灾地点、紧急隔离栅和消防器材。同时，在日常的生产作业时，要按时定期的检查、检修应急装置，保障各装置在事故发生时能够正常有效的使用。

（5）互助协议

若煤矿企业在自身的应急力量与应急资源不能够适应各项生产时，需要提前做好准备，及早与外部救援力量建立互帮互助的关系，签订互助协议、制定互助细则、规范互助原则。

3.应急响应

出现事故后，发生事故的煤矿单位及当地政府应即刻启动相应的应急预案，同时依照发生事故的级别及时向上级有关部门报告。对主要的四类事故应急响应程序的分析如下：

（1）一般事故应急响应

当出现一般级别的事故时，煤矿企业可依照事故严重程度和危害区域，采取不同的应急处理措施。

（2）较大事故应急响应

发生较大事故时，市县级政府应立即开启应急预案，组织实施应急救援，并按下列程序和内容响应，市县级政府成立相应工作机构，做好服务和后勤工作。

应急救援指挥中心下达救援指令，各有关部门、成员单位、有关专家、专业救援队伍按照应急预案及各自的职责分工开展救援工作。

（3）重大事故应急响应

发生重大煤矿事故时，省级政府立即启动应急预案，组织协同各层次、单位和机构，按下列程序响应：省安全生产监督管理局接到重大事故报告后，立即向领导小组组长和组员所在单位报告事故情况，尽快集合小组的主要成员；向出现事故的地点传达指导意见。

省煤矿事故应急工作领导小组和省安全生产应急救援指挥中心办公室依照突发事故的类别、地点和救援行动的需要，迅速通知组员所在单位、专家、救援队、医疗救护中心、矿山抢险排水站等做好相应准备。掌握事故救援情况，并随时报告给领导组组长。

事故应急响应步骤见图4-12。

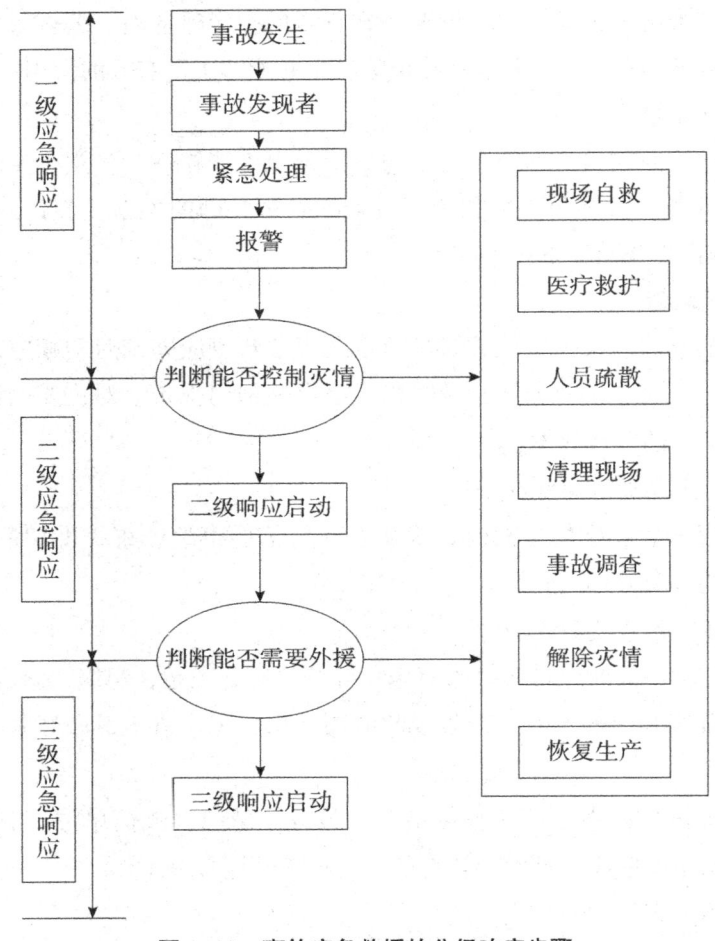

图4-12 事故应急救援的分级响应步骤

在整理事故情况及相关信息资料的基础上，煤矿监督管理部门与专家们为拟定施救方案提供基本的信息。指挥中心下达救援指令，各有关部门、成员单位、有关专家和专业救援队应当根据各自的职责和应急预案的内容来实施救援。随时向安全生产的省级应急救援指挥中心、省政府应急管理办公室和国家级应急救援指挥中心、国家级监督管理总局汇报事故和救援进展情况。

（4）特别重大事故应急响应

发生特别重大煤矿事故时，国家应急管理部应立刻启动相应预案，并按下列程序和内容响应：应急调配中心收到报告后，应当即刻向决策团队的领导者汇报，并告知应急指挥中心。依照决策团队领导者的决策指示，即刻调集组员所在单位责任人。应急调配中心与指挥中心需对事故的发展加强了解和掌握，以便于为决策团队的判定提供基本资料。决策团队需要指派到事故现场进行工作的救援专家组的人选，并确定救援方案，同时，每位职员所在的煤矿企业应根据相应的救援预案仔细认真地开展工作。

对于国家矿山救援基地来说，根据救援情况的要求和需求，调用其救援力量进行增援；也可以调用其大型装置实施对矿井下的大型火灾事故、瓦斯煤尘事故的救援；可以调用矿上抢险排水站的大型装置进行特大水灾或顶板事故的救援。

对于国家级矿山医疗救护中心专家组，可以依照现场伤员的受伤程度来进行。及时向国务院报告事故发展和救援进展的情况，并适时将信息公布于媒体。

（5）应急恢复

在恢复工作中，需要有恢复的工作计划，着重注意工作秩序、职工心理方面的恢复。计划中还应包括现场清理的资源消耗、责任认定、保险索赔等。

煤矿企业突发事故的应急救援工作结束后，应即刻展开事故现场的清理和恢复工作。这些恢复的工作中，有一些需要及时恢复正常状态，而有一些则需要一定的时间来进行恢复。经验教训表明，在现场恢复的过程中仍存在潜在危险，如封闭区内可燃物复燃等。因此应充分考虑现场恢复过程中的危险，制定恢复程序，现场清理所必需的方案措施，有组织地进行，防止事故再次发生，造成财产的进一步损失和人员伤亡。最后，制定切合实际的事故伤亡经济赔偿政策，总结经验教训，需要对事故现场进行调查、取证，研究分析事故发生的原因，确定事故性质和责任。

4.2.3 决策子系统

决策子系统，为组织指挥系统提供决策支持，是应急管理系统科学化的保障。

1. 应急决策过程

应急决策涉及多主体参与，决策过程中强调参与方的合作满意度和整体工作效率，尽量最大化降低事故应急成本和风险以及资源最充分利用的目的。事故涉及政府、企业、救援单位、医疗单位等多个应急参与方；要求各参与方的煤矿应急管理、资金流、信息流、知识流相统一，为了对这些信息进行科学、高效、系统的管理，实现信息协同，就需要建立科学决策系统。

在应急准备和预防中，时刻掌握环境信息、资源储备信息、企业安全状况信息，进行事故预警管理，一旦发生事故，根据事故信息，预测事故的发展，在应急救援过程中，专家进行科学评估，根据现场情况调整，进行追踪决策，提高决策科学合理性，制订具体的事故抢险救援方案，避免了次生灾害的发生。见图4-13。

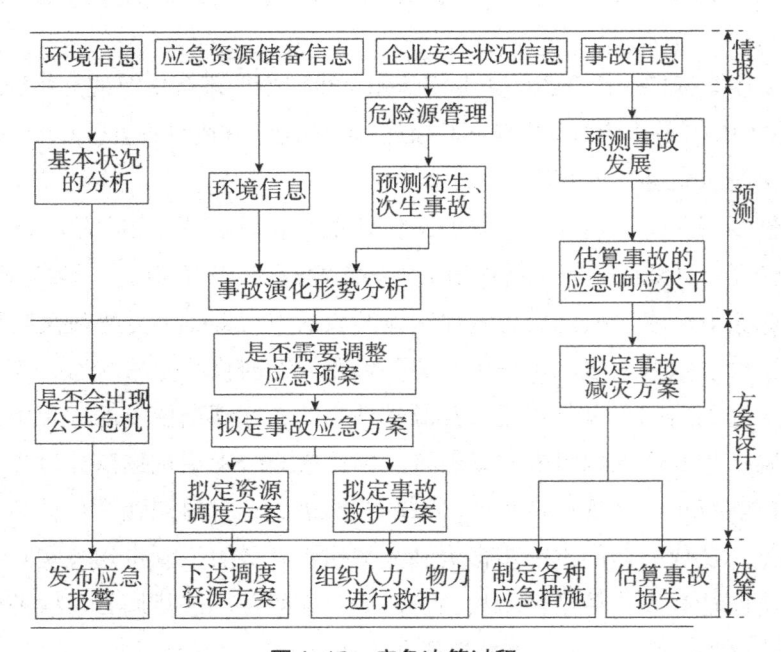

图4-13 应急决策过程

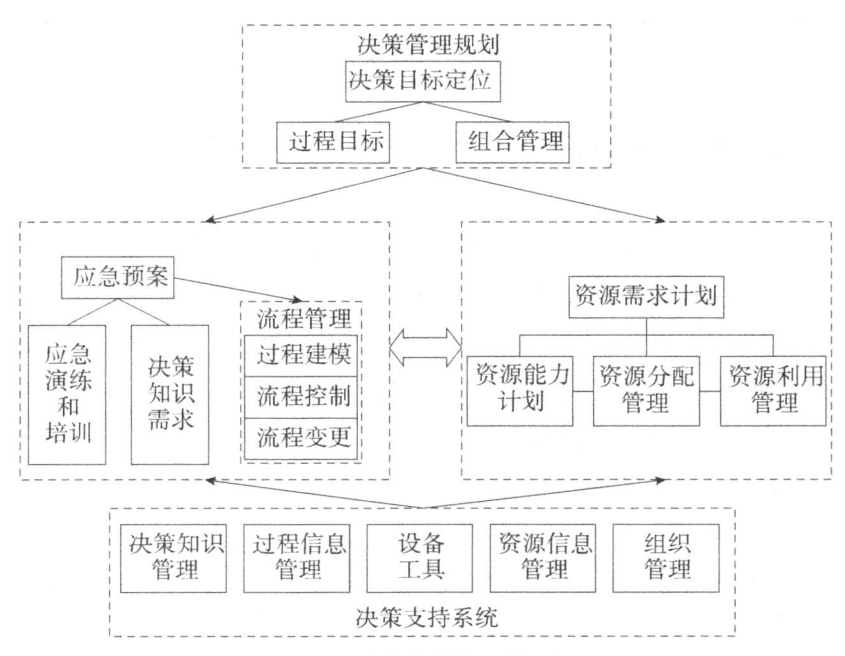

2. 应急决策协同管理框架

应急决策协同管理需要一个集成的支撑环境和框架，即应急决策管理体系结构。针对煤矿安全事故应急决策协同管理的特点，提出了一个管理框架，它包括四个方面，首先应急决策管理规划，做好目标定位，并实施过程目标和组合管理；其次是以应急预案为中心的柔性流程管理，通过应急演练和培训明确决策知识需求；再次是以功能单元为中心的资源调度组合，做好资源辅助工作；最后是以知识共享的决策支持系统。运用知识、信息、技术提高决策的有效性，应急决策协同管理框架见图4-14。框架是反映企业关于流程、职能和组织的创造性过程，在此体系下可以保持业务模型的持续有效和知识传递。对于应急决策协同管理而言，该框架还能对各种协作模式提供良好的集成。利用资源管理将信息集成体系纳入框架，以多项目管理为基础，引入工作流管理系统，且在保证柔性的工作流定义与动态变更基础上，支持高效的工作流管理与过程集成。另外，考虑到应急决策是一种知识活动，而一定范围的知识与经验可以更好地予以制度

图4-14 应急决策协同管理框架

化，以利于提高应急决策管理的有效性，故此，将知识管理也纳入该集成框架。

4.2.4 资源子系统

1. 资源子系统的内涵

资源子系统是煤矿应急管理过程中的基础要素，各类资源通过组织指挥系统的调度，作用在于直接满足被救助人员和应急人员的物质与安全需求，优化资源配置。应急响应中应急资源一般包括基本装备和专用救援两大类，基本装备一般指交通工具、通信装备、防护装备和照明装备等，专用救援装备主要指各专业救援所用的专用装备、设施和工具。事故都是在紧急情况下发生的，时间紧、任务急，资源子系统的根本任务就是快速、高效、安全地提供应急资源，单靠煤矿自身资源肯定不行，所以需要协同。随着交通越来越便利，借助现代化的交通工具和综合运输网以及高度发达的信息网络，在某些特定地域上由若干城市聚集而成的一个相对完整的城市集合体。黑龙江四大煤城在政治、经济、地理和技术环境因素上具有相似性，建立信息化平台，在应急资源上进行联动，共享平台，形成网络化的应急管理体系。

2. 煤矿应急管理资源的优化配置

（1）应急物资储备

应急物资储备是煤矿应急管理资源子系统的主要内容。按照有关法律法规，并满足有关标准和规范的要求，科学合理地储备应急资源，构建科学的应急物资快速反应机制。煤矿本身自备有一定数量的应急资源，不能完全满足事故的应急救援需要。因此，有必要和附近煤矿、相关企业、其他社会力量，甚至军方，共享应急救援资源，对于一些大型应急救援装备，可以在一定范围内共享使用。同时，应加强应急物资基础数据库的建设，实现信息资源共享，形成协同效应，提高救援能力。

煤矿事故发生所需的应急资源是随机变量，假设是 r，每一单位量的物资市场销售能收获 m 元，过多储备每一单位量由于浪费导致损失为 n 元。煤矿事故发生的概率为 $P(r)$，储备量为 Q，当 $Q \geqslant r$ 时，资源浪费 $n(Q-r)$ 元；当 $Q<r$

时，储备资源的机会成本为 k(r-Q) 元。

由于 r 是离散的，故储备量 Q 的期望损失为：

$$C(Q) = h\sum_{r=0}^{Q}(Q-r)P(r) + k\sum_{r=Q+1}^{\infty}(r-Q)P(r) \quad (4.1)$$

要想达到最小的期望损失，最佳订购量 Q^* 必须满足以下两个条件：

① $C(Q^*) \leqslant C(Q^*+1)$ （4.2）

② $C(Q^*) \leqslant C(Q^*-1)$ （4.3）

由①有

$$h\sum_{r=0}^{Q^*}(Q^*-r)P(r) + k\sum_{r=Q+1}^{\infty}(r-Q^*)P(r) \leqslant h\sum_{r=0}^{Q^*-1}(Q^*+1-r)P(r) + k\sum_{r=Q+2}^{\infty}(r-Q^*-1)P(r)$$
（4.4）

简化得

$$h\sum_{r=0}^{Q^*}P(r) - k\sum_{r=Q+1}^{\infty}P(r) \geqslant 0 \quad (4.5)$$

即 $\sum_{r=0}^{Q^*}P(r) \geqslant \dfrac{k}{k+h}$ （4.6）

由②有

$$h\sum_{r=0}^{Q^*}(Q^*-r)P(r) + k\sum_{r=Q+1}^{\infty}(r-Q^*)P(r) \leqslant h\sum_{r=0}^{Q^*-1}(Q^*+1-r)P(r) + k\sum_{r=Q}^{\infty}(r-Q^*+1)P(r)$$
（4.7）

即 $\sum_{r=0}^{Q^*-1}P(r) \geqslant \dfrac{k}{k+h}$ （4.8）

因此，最佳储备量应满足下列不等式：

$$\sum_{r=0}^{Q^*-1}P(r) \leqslant \dfrac{k}{k+h} \leqslant \sum_{r=0}^{Q^*}P(r) \quad (4.9)$$

（2）应急物资资源的调度

真正使资源到达事故现场，还要看应急资源的调度能力。它直接关系到应急处置能否快捷、有效地完成。应急资源调度有以下特点：一是紧迫性，事故发生后，生命至上，救援为先，同时，还要利用资源控制事故演化。二是动态性，应急资源的调配要结合应急预防、准备、响应和恢复，还需要根据实际救援的情况、效果进行调度。三是协同性，为了完成应急管理系统目标，通过与其他单位协调，科学有效调配。

下面结合算例来阐述，前提是多出救点、单资源和运力限制：设 $A_1, A_2, \cdots A_n$ 为 n 个应急资源出救点，A 为应急资源需求点以 $A_i(i=1,2,\cdots,n)$ 的应急资源可供应量为 $X_i(X_i > 0)$，A 的应急资源需求量为 X，并且满足 $\sum_{i=1}^{n} X_i \geq X$，$A_i$ 的一次最大运输能力为 C_i，且至少存在某个 i 满足 $C_i < X_i$。A_i 到 A 所需要的运输时间为 t_i，整个应急调度限制时间为 T。应急时间最小化作为本模型的优化目标。计算应急资源的出救点及各出救点提供的应急资源量。

假设 φ 为任意选择的应急资源出救点的调度方案，$T(\varphi)$ 为应急资源调度的时间，$A_{i1}, A_{i2}, \cdots, A_{im}$ 为被选择的出救点，$t_{i1}, t_{i2}, \cdots, t_{im}$ 为各出救点相应的调度时间（这里 t'_{ij} 为 t_{ij} 的奇数倍），$X_{i1}, X_{i2}, \cdots, X_{im}$ 为各出救点能够供应的应急资源量，$C_{i1}, C_{i2}, \cdots, C_{im}$ 为各出救点的一次运输能力，其中 $i_1, i_2, \cdots, i_m$ n，为 $1,2,\cdots,n$ 子列的个排列。出救点第一次运输量记为 D_{ij}，显然 $D_{ij} = \min_{j=1,2,\cdots,m}\{X_{ij}, C_{ij}\}$，由上述假设，则可构造优化模型如下：

$$\min\ T(\varphi) = \min \max_{j=1,2,\cdots,m} t_{ij}$$

$$s.t. \begin{cases} \sum_{j=1}^{m} \left(\dfrac{t_{ij}+t'_{ij}}{2t_{ij}}\right) D_{ij} \geq X \\ t_{ij} \leq T \end{cases} \quad (4.10)$$

假设无运力限制，那么：选择最近的出救点 A_1 提供。若 A_1 的资源无法满足 A 的需求，那就由次近的出救点 A_2 参与，如果 A_1 和 A_2 提供的总和也无法达到 A 的需求，就让第三近的出救点 A_3 参与，依次类推，一直到满足 A 点的需求。如果考虑到运力限制，由于某个出救点运输能力可能小于可供应的资源量，需要反复运送。这样做耗费的时间有可能大于限制期 T 或者改变了原有时间大小的排序。我们采用分解转换的思路，可以把有运力限制的问题转变成无运力限制的问题：分解出救点，依据上文无运力限制的步骤进行求解。

记 $A_{i1}, A_{i2}, \cdots, A_{im}, \cdots A_{iki}$ 为出救点 A_i 分解的子出救点，则

$$k_i = \begin{cases} \left[\dfrac{X_i}{C_i}\right]+1 & \dfrac{X_i}{C_i} \notin Z \\ \dfrac{X_i}{C_i} & \dfrac{X_i}{C_i} \in Z \end{cases} \quad (4.11)$$

其对应的调度时间分别为 $t_{i1}, t_{i2}, \cdots, t_{im_i}, \cdots t_{ik_i}$，并满足 $t_{i1} < t_{i2} < \cdots t_{im} < \cdots < t_{ik_i}$，其中，($t_i$ 为 A_i 到 A 一次运输时间)。其对应的可供应的应急资源量分别为 $X_{i1} = X_{i2} = \cdots X_{i(k-1)i} = C_i, X_{ik_i} = X_i - (k_i - 1)C_I$

具体算法如下：

第一步，根据出救点 A_i 已知的 X_i，C_i，t_i 计算出 k_i，$t_{im} X_{im}$，新的出救点合计 $\sum_{i=1}^{n} ik_i$

第二步，去掉 $t_{im} > T$ 的出救点，剩下的出救点，根据时间 t_{im} 由小到大的排列 $A_1, A_2, \cdots$。

第三步，把刚才排列的出救点资源量累加，直到总和大于等于应急资源需求量为止。

假设 $\sum_{K=0}^{p-1} X_K < X \leqslant \sum_{K=0}^{p} X_K$，则调度方案为 $\left\{(A_1, X_1), (A_2, X_2) \cdots \left(A_P, X - \sum_{K=0}^{p-1} X_K\right)\right\}$

第四步，针对被选中的出救点，重新合并形成原来实际意义上的出救点，得到最终调度方案 φ^* 和最优调度时间 $T(\varphi^*)$

举例，某煤矿发生透水事故，为了及时救援，急需柴油。周围有 5 个地方有储存，原始数据见表 4-3：

表 4-3 各出救点的原始数据

Ai	A₁	A₂	A₃	A₄	A₅
Xi	12	18	8	16	13
ti	4	3	5	8	2
Ci	6	7	10	16	8

现规定限制期 T=12，应急需求量 X=50，则求解过程如下：

①第一步，$K_1=2, K_2=3, K_3=1, K_4=1, K_5=2$，分解后的各出救点数据，见表 4-4。

表 4-4 分解后的各出救点数据

Aim	A_{11}	A_{12}	A_{21}	A_{22}	A_{23}	A_{31}	A_{41}	A_{51}	A_{52}
tim	4	12	3	9	15	5	8	2	6
Xim	6	6	7	7	4	8	16	8	5

②第二步，由于 $t_{23} > T$ 去掉出救点 A_{23}，各出救点数据见表 4-5：

表 4-5 时序排列后的各出救点数据

Aim	A_{51}	A_{21}	A_{11}	A_{31}	A_{52}	A_{41}	A_{22}	A_{12}
tim	2	3	4	5	6	8	9	12
Xim	8	7	6	8	5	16	7	6

③第三步，

8+7+6+8+5=34<X=50≤8+7+6+8+5+16=50

所以，$A_{51}, A_{21}, A_{11}, A_{31}, A_{52}, A_{41}$ 为出救点

④第四步，

$T(\varphi)8$

$\varphi^{*}=\{(A_1,6),(A_2,7),(A_3,8),(A_4,16),(A_5,13)\}$

以上是单资源、多出救点和无运力限制的条件数学模型及相关的求解算法。

4.3 煤矿区域应急管理系统概念与结构模型

4.3.1 区域应急管理内涵分析

区域的定义比较模糊，相对性极强，根据研究问题的范围与类型，学者都有自己的理解，追根溯源，区域是地理学概念，指具有一定空间的、以不

同物质客体为对象的地域结构形式，有明显的资源禀赋、经济活动、范围大小、自然环境、人口等方面特征。区域应急管理是为了协同管理的地区统一体。研究在该区域内应急管理活动的运行规律，包括区域范围内的煤矿应急管理过程中各环节。区域应急管理中的"区域"是指基于区域的区位条件、辐射能力、交通基础设施、应急管理建设等为依据而形成的，是微观和宏观应急管理层面的衔接。煤矿区域应急管理其已成为现代应急管理发展的一个重要领域。

目前我国煤矿以行政区域为基础，未能完全打破条块分割和行政区域管理范围界限，区域应急管理是煤矿管理系统中重要组成部分，主要为煤矿生产安全服务，根据我国的管理体制，这种区域基于行政管理的地域范围，在应急管理系统中，协同开展和进行应急管理活动，可以分成矿级、市级和省级三个层次。因此，本研究将区域的内涵看作区域是一个跨部门、跨行业、跨层次概念。

4.3.2 区域煤矿应急管理系统的含义

在区域协同过程中，组织子系统、决策子系统、过程子系统和资源子系统通过相互作用，主体间进行物质、信息和能量的交换，近年来，学者对应急管理协同开展了研究，并取得了一些成果。这些成果大多研究区域间城市应急联动系统，或者是特定类型突发事件的应急资源协调，煤矿应急协同研究较少，本研究借鉴复杂适应系统理论，基于协同学视角，提出区域煤矿应急管理系统的概念，它是指在具有共同属性的地域空间内，而对于煤矿应急管理主体形成相互关联、相互影响、协同进化的系统，具有自组织功能，产生协同效应，推动系统演化与发展，通过科学有效管理，创建协同机制，更好地实现应急管理系统目标。

区域煤矿应急管理系统运行过程中，总是存在许多不可避免的内耗及不协调现象，因此，通过构建完善的系统，建立一套科学的评价指标体系，并对系统协同度进行评价，找到薄弱环节，提高系统指标，加强协同性，提高系统有序度，促使系统行为改变，达到整体协同效应的效果，提高系统应急管理能力。

区域煤矿应急管理系统主要有以下构成要素：煤矿主体、区域内煤矿合作主体、政府管理机构主体和支持服务机构主体。煤矿安全应急管理本身是一个复杂的系统工程，从过程上看贯穿于预防、准备、响应和恢复各个过程，从层次上看，包括国家、省、市、县及生产经营单位，从管理体系上看，涉及组织指挥、运作系统、决策系统和资源系统，由此可见，在时间、空间和领域等方面构成了一个复杂的系统。

4.3.3 区域煤矿应急管理系统目标

如果说应急管理是一项系统工程，那么首先要分析研究系统的问题或目标，它是我们构建应急管理协同度评价模型的基础和关键，因此，在构建应急管理协同模型的同时，我们必须认识协同目标是什么，应急管理协同的目标实际上是通过对相关要素的有效整合，实现"1+1>2"的倍增效应，其核心特点是整合，从而实现对事故的预警、应对、恢复等方面的要求，具体体现在以下几个方面。

1. 协调同步

主体相互配合、协作，将组织分散的各部分通过组织整合而形成的完整统一体，从而使得系统整体功能生成倍增，共同完成煤矿应急管理任务。

2. 资源整合

资源整合包括对系统内外资源。影响整个系统的运行效率。整合包括煤矿应急管理基础设施，优化组织、信息、资源、能力等，实现区域煤矿应急管理整体优化。

3. 信息共享

信息共享具体是指不同层次、不同领域、不同环节中充分交互、流通与有效利用，区域煤矿应急管理系统中主体是以动态合作的形式提供信息服务，缩短应急救援时间，通过信息技术平台系统达到实时的信息交流，还极大地降低内部管理费用，在协调主体方面起到越来越重要的作用，提高煤矿应急管理绩效。

4. 快速响应

应急管理的对象通常都是突发性事故，救援的效率和效果表现在时间的响应，事故本身结构的复杂性和多变性，通过应急协同机制，能够加快子系统间交流的速度，实现即时有效，缩短时间，从而获得救援时间，完成救援目标。

5. 能力整合

协同效应可以促进观念、积累性知识、技术、专有技能的学习，通过协同共享，优势互补，促进系统的发展进化，提高应急管理能力。

4.3.4 区域煤矿应急管理系统层次分析

区域系统协同过程，以省区层协同开始，以市区层协同为重点，以矿区层协同为基础，矿区层的协同结果会影响到市区层和省区协同，市区层协同也会影响到省区层协同。见图4-15所示。

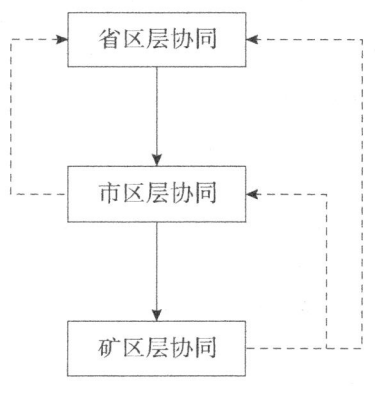

图4-15 协同层次

1. 省区层协同

省区层协同是站在省区的层次和角度上对应急管理协同思想的规划，并在以后的实践中持续地改进资源和技能，在省区协同的作用下使有限的资源发挥最大的效用，为企业资源的合理有效配置，降低成本。

2. 市区层协同

应急管理协同市区层协同，是省区协同层次所有省区性决策的进一步细化与落实，市区层协同在协同理念的指导下，相互协作配合，统一协调和优化分配，目前，按照我国煤矿安全监察管理体制，市区层协同是协同研究的中心问题,是协同运作成功与否的关键,在煤矿处理应急任务和活动时,做到分工明确、快速响应、科学决策和保障有力。

3. 矿区层协同

矿区层协同整合企业之间的业务流程,侧重于具体的技术、手段、方法。使得各环节的业务对接更加紧密,流程更加通畅。矿区协同是实现协同的关键和基础,协同主要集中在信息技术方面以及操作规范两个方面。

4.3.5 区域煤矿应急管理系统结构模型

在区域煤矿应急管理系统中也存在着"主体—群体—系统"的三层结构。其层次结构关系见图4-16。结构要素相互协同是产生驱动力的重要的源泉,应急管理只有在系统内部、外部实行高度的合作,进行物质、信息和资源的交换充分利用资源,系统协同产生能力。其中,区域多主体是指区域内煤矿构成协同群体,根据地理位置有不同的群体,一般是指在一个城市范围内,协同对象一是煤矿内部,包括采、掘、机、运、通。部门之间协同,产生聚

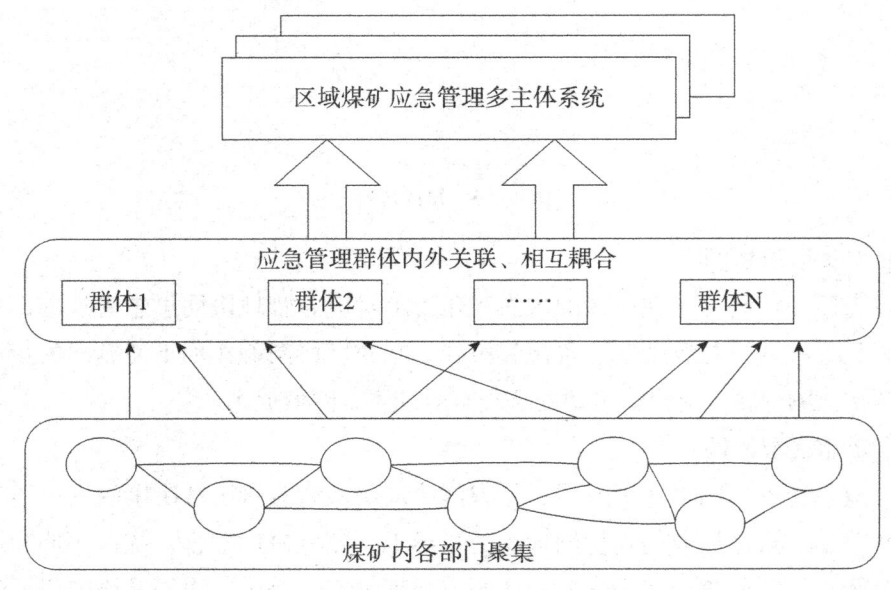

图4-16 协同结构

集效应，尤其是在应急救援中，快速响应；二是区域内煤矿企业的群体；三是区域内的社会力量，最重要的是属地政府，煤矿应急管理系统中，企业和政府的协同要有效衔接，协同运转。

4.3.6 应急管理协同作用机理

在应急预防、准备、响应和恢复四个阶段中，几乎都存在某种固有的系统，通过矿区、市区和省区三个层面予以影响与实现，系统是为达到特定目标，通过控制和分配物质、能量和信息，以特定的方式连接并组织的结构性和非结构性的集合。通过协同发挥应急系统作用，实现在事件、空间和功能上的有序结构；提高应急管理能力，从不同学科背景，丰富发展了协同能力的内涵与外延。

要对区域煤矿应急管理系统进行剖析，必须理顺一组重要的关系，即协同子系统、协同层次、能力之间的关系。因为能力和其他二者之间存在某种联系，如果仅将视野局限在能力本身，反而不可能获得对能力客观全面的认识。本研究从协同的视角来审视区域煤矿应急管理系统的运行，能力都是基于某一特定的系统之上的，或者说以区域煤矿应急管理系统为载体。该关系见图4-17。总之，对这种关系的认知是进一步从协同视角探究应急管理能力的基础。

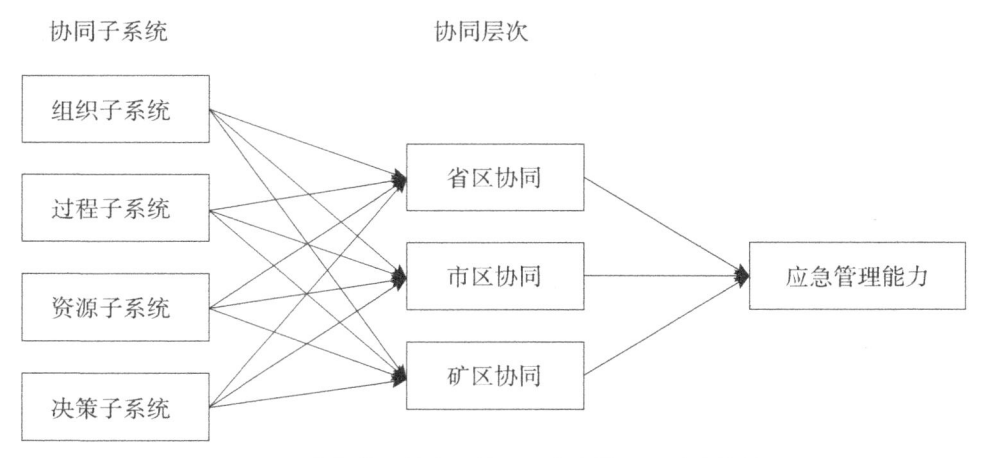

图4-17 应急管理能力、协同层次和协同子系统的关系

4.4 本章小结

本章主要是运用三维结构的分析工具，利用协同学理论，构建并分析基于协同的煤矿应急管理系统。首先，在煤矿应急管理系统分析中，阐述了系统的含义、目标、构成，以及子系统间相互关系；其次，对系统内容从组织、过程、决策和资源子系统进行具体深入的设计；最后，研究基于协同的煤矿应急管理系统，提出区域煤矿应急管理系统的概念和结构模型，阐述了其定义、目标，进行了系统层次分析和协同作用分析。

第五章

煤矿应急管理系统协同度评价模型及实证研究

5.1 煤矿应急管理系统协同度评价模型构建

5.1.1 协同度评价模型的意义和构建原则

煤矿应急管理系统协同管理是全新而复杂的系统，全面综合的评价煤矿应急管理系统的协同程度，可以提高煤矿应急管理系统绩效。煤矿应急管理系统包含着众多存在复杂非线性相互作用关系的子系统或要素。每一个子系统能发挥相对独立的作用，它们联合起来共同推动着整个系统的发展与演化。煤矿应急管理评价是一项系统工程，涉及范围广、考虑因素多，协同程度的好坏直接影响着煤矿应急管理效果。

为了客观公正地评价煤矿应急管理系统运作的协同程度，设计评价指标体系应该遵循以下原则。

1. 系统全面性原则

煤矿应急管理系统协同度评价指标体系是一个复杂的系统，评价不能仅仅专注于一个方面，要综合考虑影响管理系统的多种因素，在选择指标的时候必须综合考虑煤矿应急管理子系统之间的相互关系。能够反映各主体的协同程度，而且能够为煤矿应急管理提高整体协同程度提供对策。

2. 科学性原则

科学性不仅体现在结果上，还要坚持科学的研究过程。为了科学地评价煤矿应急管理系统，评价指标体系当然要科学，指标能够较全面反映系统的协同程度。

3. 客观性原则

评价模型必须能客观反映评价系统的真实情况，这就要求我们设计指标是考虑系统的影响因素，以事实为依据来定义指标，指标解释尽量

4.定性指标与定量指标相结合原则

为了反映煤矿应急管理协同问题，利于改进煤矿应急管理协同。尽量使用定量指标，选择比较容易得到真实具体的数据，但也有很多指标无法量化，但还要考虑到实际调研数据的难度，也可以应用定性指标，综合定量指标和定性指标进行设计指标体系。

5.1.2 煤矿应急管理系统序参量分析与协同度模型

1.煤矿应急管理系统序参量的内涵与选择

煤矿应急管理系统序参量控制系统演化，其内涵是各子系统之间相互协同作用，为了深刻揭示煤矿应急管理系统四个子系统协同作用规律，先了解系统的状态参量。

假设 (U,E,V,f) 是一个子系统，对象集 $U=\{u_1,u_2,\cdots,u_n\}$，其中 u_i 为 n 个相关状态参量；属性集 $E=\{X_1,X_2,\cdots,X_m,w_1,\cdots,w_l\}(m,l,\in Z^+)$，$E=X\cup W$，其中条件属性集 $X=\{X_1,X_2,\cdots,X_m\}$，决策属性集 $W=\{w_1,\cdots,w_l\}$，f 表示对象集与属性集的一一对应关系，即 $f:U\times E\to V$ 的映射关系，其中 V 是 f 的值域。

（1）假设在 f 条件下 V 的数值大小。如 $u_i\in U$，$X_j\in X$，$f(u_i,X_j)=1,2,3,4$，即对象集和条件集分为4个等级：1——低；2——持平；3——表示稍高；4——表示高。$u_i\in U$，$w\in U$ 且 $F(u_i,w)=1,2,3$，即状态参量有3种结果：1——失败；2——达标；3——成功。

（2）具体研究对象集 $U=\{u_1,u_2,\cdots,u_n\}$ 中每个参量，根据 $f:U\times E\to V$ 的关系 $f(u_i,X_j)$ 或 $F(u_i,w_l)$ 属性集得出指标数据关系。

（3）属性约简运算，假设 E 等价关系 R_E 频率分布是

$$R_E:\begin{Bmatrix} U_1 & U_2 & \cdots & U_K \\ P_1 & P_2 & \cdots & P_K \end{Bmatrix}$$

可用信息熵来测度属性集 E 等价关系 R_E 的不确定性，即：

$$H(R_E)=-\sum_{i=1}^{k}P_i\log_2(P_i)$$

如果分类不变，信息熵就不变。设有 K 维定性变量集 $T=(t_1,t_2,\cdots,t_k)$ 的 n 次

观测值，可利用信息熵找到分类不变的最小变量子集。先计算出由 k 维定性变量集 T 形成的等价关系 R_T 的信息 $H(R_T)$，然后分别计算 $H(R_{T-(t1)})$、$H(R_{T-(t2)})$、…、$H(R_{T-(tk)})$ 的信息熵，如果，则 $R_{T-(tj)}$ 为分类不变的等价关系，可知变量 $t_i(1 \leq i \leq m)$ 是可被约简的，可知变量是可被约简的，得到信息熵不变的变量子集。

（4）经过筛选得到的最小属性约简集 $\{X_1,\cdots,X_c\}(c \geq 1, c \in Z^+)$ 的变量能当作系统的序参量。

2.煤矿应急管理系统协同度模型

（1）系统公式

设定该系统由 m 个子系统构成，即系统 S=f(S_1，S_2，…，Sm)，其中 S_j（$j=1,2,\cdots,m$）为系统第 j 个子系统，设子系统 S_j 的序参量变量为 $e_j=(e_{j1}e_{j2}, \cdots, e_{jn})$，$e_{j1}$，$e_{j2}$，…，$e_{jn}$ 是刻画系统运行的若干指标，其中 $n \geq 1$，$\beta_{ji} \leq e_{ji} \leq a_{ji}$，$i \in [1,n]$，这里 a_{ji}、β_{ji} 为系统稳定临界点上序参量 e_{ji} 的上限和下限。

（2）煤矿应急管理子系统 S_j 序参量分量 e_{ji} 的系统有序度

我们给出序参量分量 V_{ji} 对子系统 S_j 有序度的功效系数 $EC_j(X_{ji})$ 表示如下：

$$EC(Xji) = \begin{cases} \dfrac{Xji - \beta ji}{aji - \beta ji} & i \in [1, k] \\ \dfrac{aji - Xji}{aji - \beta ji} & i \in [k+1, m] \end{cases} \quad (5.1)$$

（3）煤矿应急管理系统序参量变量 e_j 的系统有序度

对于子系统有序度的计算，序参量变量 e_j 对系统 S_j 有序程度的总贡献可通过 $u_j(e_{ji})$ 的集成来实现：

$$ECJ(Sj) = m\sqrt{\prod_{i=1}^{m} ECj(Xji)}$$

其中 $i=1,2,\cdots,m$ （5.2）

由于 $EC(X_{JI}) \in [0,1]$，则子系统 S_j 有序度 $OC_j(S_j)$ 也是介于 0 和 1 之间。当 $OC_j(S_j)=0$ 时，子系统 Sj 有序度最低；当 $OC_j(S_j)=1$ 时，子系统 Sj 有序度最高。

（4）煤矿应急管理系统的协同度（SCEMS）

煤矿应急管理系统的协同度（Synergy of Coal mine Emergency Management System），简称SCEMS模型。公式表示如下。

$$SEMS = \mu \sum_{j=1}^{m} w_j \left| u_j^1(e_j) - u_j^o(e_j) \right| \quad (5.3)$$

其中，$\mu = \begin{cases} 1 & u_j^1(e_j) - u_j^0(e_j) \succ 0 \\ -1 & u_j^1(e_j) - u_j^0(e_j) \prec 0 \end{cases}$ $\sum_{j=1}^{m} w_j = 1$，$w_j \geq 0$ $j=1,2,\cdots,m$

①煤矿应急管理系统的协同度SCEMS属于[-1, 1]，我们将其具体的取值作为对系统协同能力的度量，其值越大，表示系统协同能力越强，反之则越低；

②$u_j^1(e_j) - u_j^0(e_j)$为子系统S_j从t_0到t_1时段序参量的系统有序度的变化幅度；

③该模型反映子系统的序参量之间互相影响关系，揭示了煤矿应急管理系统在一定时期内的协同程度及其变化趋势。通过测算，把握系统有序发展。

5.2 煤矿应急管理系统协同度评价指标体系构建

5.2.1 评价指标选取

对于区域协同应急管理系统评价指标的构建，目前，国内外研究少见相关文献，从现有的研究中，大部分指标很少涉及协同要素。忽略了应急管理过程各方面的协同对于应急能力的重要作用，经过调查问卷设计、分析和总结，最后形成煤矿应急管理系统协同度指标评价体系，共包括4个子系统、11个序参量和35个指标，见表5-1。

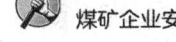

表 5-1　煤矿区域应急管理系统协同度评价指标体系

子系统	序参量	指标
决策子系统	主体协同	与政府协同
		与相关企业、单位协同
		主体决策一致性
		与社会公众沟通情况
	信息协同	信息质量
		信息的共享程度
		信息的传递速度
组织子系统	结构协同	层次差异性
		结构有序度
	部门协同	部门管理跨度
		跨部门协作水平
	职权协同	岗位协作水平
		组织间应急协同协议完备性
		应急权责合理性
过程子系统	预防协同	基础数据管理的完备性
		组织间标准、术语差异性
		预防性安全检查次数
		事故预测、预报和预警能力
	准备协同	应急救援队伍数量
		互助协议、安全资金投入
		组织间预案的适应性
		应急人员年均培训次数
		应急演练次数

续表

子系统	序参量	指标
过程子系统	响应协同	应急救援快速响应
		应急救援技术和装备专业化水平
		避险装备和设备有效性
		专家参与性
		医疗后勤保障性
		应急通信保障系统完备程度
	恢复协同	事故调查分析
		恢复计划的有效性
资源子系统	储备协同	安全资金投入
		救援物资充足性
	调配协同	物资的互补性
		资源获取的及时性

5.2.2 指标释义

以上35个指标解释如下：

1. 决策子系统

决策子系统对应急管理系统而言，发挥着领导的作用。事故发生之前进行预防，事故发生之后有效指导应急响应和救援。

（1）主体协同

①与政府的协同，根据我国的应急的体制，政府发挥的作用是指导协调，煤矿应及时、准确、无误上报事故，积极协助配合政府部门，主要评价指标是二者主体间交互性和信任度。

②煤矿相关企业之间协同性，主要看配合程度，评价指标是主体间交互性和信任度。

③主体决策一致性，是指决策的效果，主要从决策方案一致性来评价。

④与社会公众的沟通效果，按照事故发生的不同阶段，配合政府行动，推动危机解决，包括公众满意度等。

（2）信息协同

①信息质量，主要从信息的准确性、规范性和有效性进行度量。

②信息的共享性，信息沟通渠道的多样性与可获得性、信息平台的共享程度。

③信息传递速度，是指信息传递过程中的综合管理水平，准确、完整地获得应急管理相关信息，及时在煤矿各部门中传递。主要从信息管理水平和信息化技术水平两个方面评价。

2.组织子系统

组织设置的基本原则之一就是协调，研究组织子系统的协同性，协调组织结构、部门和职权关系，确保系统的管理活动高效运行。

（1）结构协同

①层次差异性，层级原则是组织运行的基础，管理层次越多，协同性要求则越大。

②结构有序度，是组织结构的秩序化，以及岗位落实情况，反映在应急管理机构、应急管理岗位、应急管理专业人员设置齐备情况。

（2）部门协同

①部门管理跨度，一个部门内行使功能与职能的数目称为部门的职能幅度或跨度，跨度越大，协同性要求越大。

②跨部门协作水平，是指部门之间协调效率和效果。

（3）职权协同

①岗位协作水平，是指岗位之间完成协调配合职能情况。

②应急权责合理性，国家有关部门以及地方政府部门根据事故的情况制定的应急政策、不同的响应方案、应急行为的法律法规。

③组织间应急协同协议完备性，组织之间对应急联动事先签订协议，协议中对应急的全过程组织权力和责任有明确的细则和说明。针对资源使用，应急联动相关费用，具有规范性文件，并且内容完整，细则完备。

3.过程协同

煤矿应急管理过程中的每个阶段相互适应和紧密配合，形成有序协调的系统。来实现应急管理全过程的动态管理和综合优化与协调。

（1）预防协同

①基础数据管理的完备性，包括应急管理基础数据，涉及人、财、物等信息。

②组织间标准、术语一致性。由于应急管理过程的一致性和事故的相似性，处理事故中，概念的重复出现就产生了按统一标准进行管理的内在要求。

③预防性安全检查次数。定期开展危险源辨识和隐患排查工作。

④事故预测、预报和预警能力，危险源辨识设备可靠，设备设施的运行状态监测，主要包括：监测网点分布程度、监测信息快速获得能力（最短时间）、监测人员准确判断比例等。

（2）准备协同

①应急救援队伍数量。

②安全资金投入。煤矿每年在安全管理方面的资金投入。

③组织间预案的适应性，预案能够做到横向协调、上下适应，功能齐全。

④应急人员年均培训次数，健全的应急培训教育体系，通过宣传和培训提高应急人员能力，该项指标按某时间周期开展的次数为标准。

⑤应急演练次数，预案不是纸上谈兵，必须要有实用性和可操作性。该项指标按某时间周期开展应急演练的次数，同时还要考虑参加演练的主体层次和范围。

（3）响应协同

①快速响应，是指启动相应的预案，按照响应时间设立标准。

②应急救援技术和装备专业化水平，是指国家权威机构认定的资质，技术装备水平。

③避险设施和设备有效性，是指配置完整，数量充足情况。

④专家参与性，成立事故分析决策专家小组，分析、比较和选择应急决策方案，科研机构及专家在应急管理过程中的参与、配合程度。

⑤医疗后勤保障性，是指医疗后勤力量配置完整，数量充足情况。

⑥应急通信保障系统完备程度是指救援实时信息传递的保障。

（4）恢复协同

①事故调查分析是指事故原因分析通报，事故问责及惩处情况，评估与总结由专业人员负责分析完成。

②恢复计划的有效性，在现场恢复过程中控制潜在风险，注意工作秩序、资源消耗、保险索赔等。

4.资源子系统

资源子系统是应急管理的重要保障，及时的资源调配极大地保证了应急救援效率，合理的资源储备也为煤矿节约安全管理成本。

（1）储备协同

①救援装备适用性，救援装备能够解决事故现场障碍，或输入能量控制事故发展；

②救援物资充足性，在技术、资金、设施设备、物资等多种资源的储备情况。

（2）调配协同

①物资的互补性，促进资源的有效整合与合理配货，考察资源节约利用、避免浪费的程度；

②获取资源的及时性，有能力调配各种应急物资；调配及时、交通距离情况，运输保障情况。

5.2.3 评价指标权重确定

1.AHP法

根据设计的指标体系，确定各指标权重是构成评价模型的基础工作，这样才能进行最终评判。权重不仅反映各指标的相对重要性，还反映煤矿应急管理系统协同程度，对评价过程有着十分重要的意义。计算指标权重方法考虑煤矿应急管理系统状态的复杂性，文章选用专家打分和层次分析法相结合的办法确定各指标权重。通过向专家调查，比较各层次指标，分析其相对重要性，并采用1—9标度法进行打分。根据专家打分算术平均值a_{ij}建立判断矩阵，以准则层B为例，建立确定其权重的判断矩阵见表5-2。其中$a_{ij}>0$；$a_{ij}=1/a_{ji}$；当i=j时$a_{ij}=1$。

表 5-2　准则层 B 判断矩阵

A	B_1	B_2	B_3	B_4
B_1	a_{11}	a_{12}	a_{13}	a_{14}
B_2	a_{21}	a_{22}	a_{23}	a_{24}
B_3	a_{31}	a_{32}	a_{33}	a_{34}
B_4	a_{41}	a_{42}	a_{43}	a_{44}

根据所得判断矩阵，计算其特征向量和最大特征根，其具体步骤如下：

（1）计算判断矩阵中的每一行元素的乘积 M_i：

$$Mi = \prod_{j=1}^{n} a_{ij} \ (i=1,2,\cdots,n)$$

（2）计算 M_i 的 n 次方根 $\overline{W}_i$：

$$\overline{W}_i = \sqrt[n]{M_i}$$

（3）将方根向量归一化，得出特征向量 W_i：

$$W_i = \frac{\overline{W}_i}{\sum_{j=1}^{n} W_j} \ (i=1,2,\cdots,n)$$

（4）根据公式，得出判断矩阵的最大特征根 λ_{max}。

$$\lambda_{max} = \sum_{i=1}^{n} \frac{(A\overline{W})_i}{n\overline{W}_i}$$

第四步结束之后，还要一致性检验。计算随机一致性比率 CR，检验公式为：

$$CI = \frac{\lambda_{max} - n}{n-1} \ ; \ CR = CI/RI$$

其中，RI 值包括：n=2，RI=0；n=3，RI=0.58；n=4，RI=0.9。

当 CR<0.1 时，我们断定判断具有满意的一致性，所得即为各指标的相对权重，权重是合理的，否则重新考虑判断矩阵，进行调整，一直等具有满

意的一致性。才可以确定权重，最后将相对权重换算为相对总目标的最终权重。

2.模糊综合评价

（1）确定因素集和评语集

按层次，把因素集U分为s个子集，即因素集$U=\{U_1,U_2\cdots U_s\}$，形成m个等级，即评语集$V=\{V_1V_2\cdots V_m\}$，其中，$v_j(j=1,2,\cdots,m)$表示针对各因素（指标）做出的等级评判。

（2）进行单因素评价，建立模糊关系矩阵

对每个U_i进行单因素评价，U_i中各因素的模糊权重：$A_i=\{a_{i1}a_{i2}a_{i3}\cdots a_{im}\}$，$\sum_{r=1}^{m}a_{ir}=1$，模糊关系可以用模糊关系矩阵R来表示。$U_i$的单因素评价矩阵为Ri，单级评价模型：$A_i \bullet R_i=B_i(i=1,2,\cdots s)$。

（3）综合评价

采用第一级评判同样的方法对准则层B进行模糊运算，其中模糊关系矩阵由第一级评判所得，设综合因素$U_i(i=1,2,\cdots,s)$的模糊权重为$A=\{a_1a_2a_3\cdots a_m\}$，最后能得到二级模糊综合评价模型：$A \bullet R=B$同理可以得到三级或更高级的模型。

5.3 省区煤矿应急管理系统协同度实证研究

5.3.1 概述

国家矿山安全监察局黑龙江局是行使国家矿山安全监察职能的行政机构，实行国家矿山安全监察局与黑龙江省政府双重领导，以国家矿山安全监察局为主的管理体制，负责黑龙江省行政区域内矿山安全监察工作。本研究依托国家矿山安全监察局黑龙江局和黑龙江龙煤集团进行调研，开展省区应急管理系统协同度实证研究。

5.3.2 系统协同度测量

1. 指标数据选取

本研究系统协同度指标中定性指标，邀请煤监局和煤矿高层、中层和基层共30名人员用10分制的半定量打分，即10为最好，0为最差，对2018—2022年，根据指标实际情况进行赋值。见表5-3~表5-6。

表5-3 决策子系统2018—2022年协同数据

一级指标	二级指标	2018	2019	2020	2021	2022
主体协同	与政府协调性	5	7	7	8	9
	与相关企业、单位协同	6	6	7	8	8
	主体决策一致性	5	5	7	7	8
	与社会公众沟通效果	4	5	5	7	7
信息协同	信息质量	6	6	7	8	9
	信息的共享度	5	6	6	8	9
	信息的传递	4	5	6	8	9

表5-4 过程子系统2018—2022年协同数据

一级指标	二级指标	2018	2019	2020	2021	2022
预防协同	基础数据管理的完备性	3	5	6	6	8
	组织间标准、术语差异性	4	5	6	7	8
	预防性安全检查次数	1362	1536	1611	1367	1352
	事故预测、预报和预警能力	4	5	7	7	8
准备协同	应急救援队伍数量	13	13	13	13	13
	安全资金投入情况	124299	208000	217839	202262	185974
	组织间预案的适应性	4	5	5	7	8
	应急人员年均培训次数	1	1	1	1	1
	应急演练次数	86	86	197	182	113

续表

一级指标	二级指标	2018	2019	2020	2021	2022
响应协同	应急救援快速响应	5	6	6	7	9
	应急救援技术和装备专业化水平	4	5	7	7	7
	避险装备和设备有效性	4	6	6	7	8
	专家参与性	5	6	7	7	9
	医疗后勤保障性	5	6	6	7	8
	应急通信保障系统完备程度	5	7	8	8	9
恢复协同	事故调查分析	6	7	8	8	9
	恢复计划的有效性	4	5	6	7	7

表 5-5 组织子系统 2018—2022 年协同数据

一级指标	二级指标	2018	2019	2020	2021	2022
结构协同	层次差异性	4	4	6	7	8
	结构有序度	4	5	5	7	7
部门协同	部门管理跨度	5	5	7	7	8
	跨部门协作水平	4	5	5	6	7
职权协同	岗位协作水平	5	6	7	7	8
	组织间应急协同协议完备性	4	5	6	7	9
	应急权责合理性	4	5	5	7	8

表 5-6 资源子系统 2018—2022 年协同数据

一级指标	二级指标	2018	2019	2020	2021	2022
储备协同	救援装备适用性	5	7	7	8	9
	救援物资充足性	5	6	7	8	8
调配协同	物资的互补性	4	6	7	7	8
	资源获取的及时性	5	7	7	8	9

2. 指标权重确定

根据上文提出的方法，计算指标权重。各级指标的权重见表 5-7。

表 5-7　省区煤矿应急管理系统协同度评价各指标权重

子系统	权重	序参量	权重	指标	权重
决策子系统	0.27	主体协同	0.62	与政府协调性	0.23
				与相关单位协同	0.25
				主体决策一致性	0.27
				与社会公众沟通效果	0.25
		信息协同	0.38	信息质量	0.21
				信息的共享度	0.48
				信息的传递	0.31
组织子系统	0.23	结构协同	0.38	层次差异性	0.55
				结构有序度	0.45
		部门协同	0.32	部门管理跨度	0.42
				跨部门协作水平	0.58
		职权协同	0.3	岗位协作水平	0.37
				组织间应急协同协议完备性	0.24
				应急权责合理性	0.39
过程子系统	0.32	预防协同	0.23	基础数据管理的完备性	0.24
				组织间标准、术语差异性	0.25
				预防性安全检查次数	0.18
				事故预测、预报和预警能力	0.33
		准备协同	0.28	应急救援队伍数量	0.25
				安全资金投入	0.25
				组织间预案的适应性	0.2
				应急人员年均培训次数	0.15
				应急演练次数	0.15

续表

子系统	权重	序参量	权重	指标	权重
过程子系统	0.32	响应协同	0.32	应急救援快速响应	0.2
				应急救援技术和装备专业化水平	0.2
				避险装备和设备有效性	0.15
				专家参与性	0.13
				医疗后勤保障性	0.12
				应急通信保障系统完备程度	0.2
		恢复协同	0.17	事故调查分析	0.38
				恢复计划的有效性	0.62
资源子系统	0.18	储备协同	0.56	救援装备适用性	0.48
				救援物资充足性	0.52
		调配协同	0.44	物资的互补性	0.23
				资源获取的及时性	0.59

3. 各子系统序参量有序度计算

根据公式 $EC(Xji) = \begin{cases} \dfrac{Xji - \beta ji}{\alpha ji - \beta ji} & i \in [1, k] \\ \dfrac{\alpha ji - Xji}{\alpha ji - \beta ji} & i \in [k+1, m] \end{cases}$ 和指标体系的权重，依次计算

得出各序参量的有序度值，见表 5-8~表 5-11。

表 5-8 决策子系统有序度

一级指标	2018	2019	2020	2021	2022
主体协同	0.554	0.65	0.758	0.8	0.85
信息协同	0.483	0.61	0.758	0.81	0.879

表 5-9　组织子系统有序度

一级指标	2018	2019	2020	2021	2022
结构协同	0.472	0.57	0.636	0.667	0.767
部门协同	0.569	0.638	0.669	0.769	0.8
职权协同	0.525	0.63	0.635	0.73	0.83

表 5-10　过程子系统有序度

一级指标	2018	2019	2020	2021	2022
预防协同	0.535	0.598	0.635	0.698	0.798
准备协同	0.464	0.548	0.608	0.672	0.698
响应协同	0.7194	0.794	0.857	0.908	0.95
恢复协同	0.453	0.6	0.679	0.768	0.8

表 5-11　资源子系统有序度

一级指标	2018	2019	2020	2021	2022
储备协同	0.491	0.605	0.7	0.78	0.857
调配协同	0.592	0.649	0.716	0.84	0.9

4.各子系统有序度计算

根据公式 $ECj(Sj) = m\sqrt{\prod_{i=1}^{m} ECj(Xji)}$ 和指标体系中的权重，依次得出各序参量的有序度值，见表 5-12。可以看到，该总体来看，2018—2021年，与 2016 年基期相比有了明显进步，管理各子系统的有序度总体上都在不断提高，向更加协同的方向发展，对比四个子系统有序度值可以看出，过程子系统有序度值偏低，主要原因：一是应急人员年均培训次数较少，始终保持基本的规定，每年培训一次；二是黑龙江省在应急队伍建设上保持稳定，没有增设应急救援队伍，与其他要素协同不够，影响了过程子系统有序度值。

表 5-12 子系统有序度

子系统	2018	2019	2020	2021	2022
决策子系统	0.535	0.624	0.707	0.810	0.875
组织子系统	0.595	0.692	0.755	0.815	0.873
过程子系统	0.522	0.605	0.646	0.711	0.797
资源子系统	0.575	0.642	0.753	0.803	0.861

5. 系统整体协同度计算

根据煤矿应急管理系统的协同度 SCPS 模型，代入各子系统有序度结果，公式为：$SEMS = \mu \sum_{j=1}^{m} w_j \left| u_j^1(e_j) - u_j^0(e_j) \right|$ 计算黑龙江省省区煤矿应急管理系统整体协同度值，见表 5-13。

表 5-13 黑龙江省省区煤矿应急管理系统整体协同度（2010—2014）

一级指标	2018	2019	2020	2021	2022
全面协同度	0	0.17	0.29	0.43	0.46

根据表 5-13 和下图我们知道，省区煤矿应急管理系统协同程度表现为稳

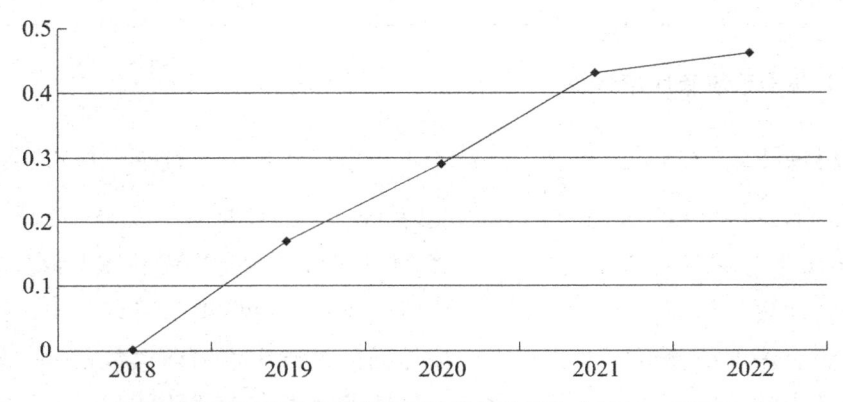

黑龙江省省区煤矿应急管理系统整体协同度（2018—2022）

步上升趋势。煤矿应急管理系统协同各要素得到了有效协同，并且逐年推进深化，逐年提高。但是从2020年到2021年放缓，在预防性安全检查次数、安全资金投入情况和应急演练次数指标上，可以看出这三个指标2021年的数据较2020年略有下降，预防性安全检查次数、安全资金投入情况和应急演练次数这三个指标影响了整个系统的协同。

5.3.3 煤矿应急管理协同对策

1. 推进应急协同管理相关法规政策标准建设

首先，要明确协同在应急管理工作中的作用；其次，深入开展应急协同管理制度建设，健全完善监督检查分级负责、定期逐级报告和向地方政府报告、通报，以及联席会议、联合执法、信息通报交流、资源共享等制度。

2. 实施省区、市区和矿区协同应急模式

充分发挥安全应急管理机构的组织协调，积极适应应急工作新常态，在实施过程中，三区联动的各参与主体，要进一步加强沟通，科学决策，充分发挥安监、国土资源、公安、工会、工商、监察、环保、电力等部门的作用，加强沟通协调，密切配合、及时协商，积极探讨军队、地方和煤矿应急联动与资源共享机制建设。

3. 加强煤矿安全应急基础建设

通过强化"两个主体"责任意识，促进煤炭企业和政府两个层面，完善健全相关安全管理政策法规和规章制度，落实安全应急管理责任，指导各类煤矿加强安全应急基础管理，加大安全应急资金投入，不断提升矿井的安全质量标准化水平。特别是要加强煤矿的从业人员的应急培训教育，提高应急防范能力，督促煤矿开展应急救援演练和培训工作。

4. 突出区域协同的专业救援队伍建设

目前来看，每个煤矿都保证配备专业的应急救援队伍，实际有很大难度，我们可以优化队伍布局，形成区域救援能力，地理位置接近的煤矿签订应急互助协议，也可以考虑煤矿和当地政府应急办合作，协调其他社会力量。

5.4 本章小结

本章主要构建了煤矿应急管理系统协同度评价模型，并以黑龙江为区域做了实证研究，首先，阐述了协同度评价的意义和原则；其次，建立系统协同度评价模型（SCEMS模型）；设计了包括4个层次35个指标的指标体系，并解释指标含义；最后，通过公式计算得到黑龙江省区煤矿近五年的协同度值，数值显示系统的协同度逐年提高，深入分析系统要素的变化，分析协同度模型的指标，结合实际，对黑龙江省基于协同的煤矿应急管理系统提出建议。

第六章

煤矿应急管理能力评价

6.1 煤矿应急能力指标体系的建立

6.1.1 煤矿应急管理能力的内涵

煤矿应急管理能力是根据煤矿企业应急系统的构建和评价而提出来的，能力建设是一项系统工程，如果应急系统各要素不能及时协同，不利于整体应急能力的提高。通过基于协同的系统构建和评价，把信息反馈给煤矿决策者，应急管理系统发挥自我完善的功能，进而提高煤矿应急管理能力。本研究基于协同的思想，给出如下定义：在加强协同的前提下，以事故预防为目的，在事故发展的全周期内，充分运用应急资源，实现对煤矿事故致因、事故后果的有效控制与治理，最大程度地减少事故发生、减少人员伤亡及财产损失。煤矿在应急管理四个阶段的全过程中，所表现的应对突发事故的能力。应急管理能力是整个煤矿安全管理的灵魂，是实现高效高产的重要基础，是提高煤矿整体实力的重要指标。

6.1.2 评价指标体系的设计原则

设计煤矿企业应急能力评价指标体系需遵守系统整体性、层次科学性、可操作性等基本原则。

1. 系统整体性原则

突发事故的处置是一项非常复杂的任务，对煤矿企业应急能力的评价，必须从整体出发，系统建立。主要考虑其目的性、整体性和相关性。其中，目的性是指各子指标需根据总体评价目标建立，与总体评价目标保持一致。整体性是说总体指标体系的建设并不是简单的每个单一指标相加得到的。最后相关性是指在建立指标体系时需要对各指标进行分析，明确他们之间的联系与相互作用，避免指标重叠，确保评价的有效性。综合各属性，争取能够从不同角度、不同侧面对指标进行选取，争取能够即全面又客观地体现煤矿企业的应急能力结构。

2.层次科学性原则

层次科学性原则，顾名思义，即评价指标体系的构建必须具有一定的层次性，逐级选取，逐级排列，且要符合科学规律。这样构造的评价体系对煤矿应急能力的内容一目了然，便于整个研究。

3.可操作性原则

在选取指标时，需要能够适用于各类煤矿企业的评价，即其数据的需要易获，含义需要清晰，避免出现歧义，同时易于有关人员对其进行学习，且在选取过程中，应注意定性指标与定量指标的结合。这样方便找出各企业之间的差距，为提高彼此的应急能力提供有效的帮助。

6.1.3 煤矿应急管理能力的影响因素

通过上文的分析，煤矿应急管理是一个复杂的系统，组织系统、过程系统、决策系统和资源系统相互协同，每个子系统都涉及人、机、技、管、环等多方面的要素。

1.人的因素分析

人在煤矿应急管理系统中处于中心的地位，是提高应急能力工作的主体力量，对应急目标的实现起着至关重要的作用。协同性体现在两个层面：一是指面对安全事故时，员工自救，相对应的是人际关系中的个体的协同，在煤矿应急管理系统中，人的行为往往是复杂的、多种因素相互作用的结果。由于生理、心理、文化素质、技术素质等方面的差异，加之人行为的不确定性造成了人因的难控性，在应急管理中难免产生冲突和分歧；二是指面对安全事故时需要与外界各主体进行协调，相对应的是关联的组织单位。

煤矿企业应要加强对员工的教育培训工作，定期开展知识讲座，知识竞赛以达到普及安全知识的目的。并为每一个管理员工设置职业规划，明确其未来发展方向，使其更加努力地为企业效力，明确各自管理的职责所在，使各部门之间时刻保持畅通的联系；为每一个井下作业人员配备好安全设备，普及好救援方面的知识。一旦发生突发性事故，能够在短时间内，有效地进行联动救援，使事故导致的人员伤亡数和经济财产损失都降至最低。煤矿企业根据规定，对矿山救护队员和矿井工作人员实施应急方面的培训和考试，经考试合格得到相应的上岗证后才可到岗。

2.机的因素分析

在应急系统中，机的因素是由基础设施和应急设备组成，基础设施主要有道路交通、建筑设施、通信设备、医疗支持设备、电力设备等构成，通过科学的调度和部署尽可能地提高资源的利用效率和全局效用，资源合理配置，以适应系统发展的要求。

应急管理要求设备功能完备和性能先进，直接会对应急救援的工作效果产生影响，对于煤矿企业自身而言，需配备自己的资金调用、财政支持系统，在发生变故时，能够及时有效地提供经济支持。还需备有自己的应急救援队伍，可分为专职型和非专职型两类，一旦有事故出现时，能够及时有效快速地调集救援人员进行施救任务，减小各种损失。就社会方面而言，煤矿企业应与当地政府、医疗、消防等部门以及社会一些救援组织机构建立密切的合作关系，在出现事故时，快速有效地联动，在最短的时间内实施救援行动。

3.技术的因素分析

煤矿企业在应对突发事故时的应急能力的提升，有赖于科学技术的不断发展。成立应急管理专家组，对应急状态下的工作提供技术方面的支持；成立应急管理研究中心，研究突发事故的预防处理的方法和措施；政府方面应当对企业自身进行的应急救援技术装备、设备方面的研发和创新进行大力的支持。

煤炭企业集团内部各企业都会有各自的技术优势，协同自身所具有的这些技术优势，达到更好的效果。基于省区、市区和矿区协同的技术也可以看作是技术的合作创新，包括共享现有技术、共享专利成果、联合进行技术开发、交流自身掌握的技术诀窍、经验和联合技术培训等，强调的是省区、市区和矿区整体应急管理能力的提高，各层次之间技术协同的进行，组织边界模糊，合作成员之间顺利流动而产生较少的障碍，变得可渗透。通过信息化协同指挥平台形成多领域、多部门、多区域、多层次的组织动态协作，信息技术的运用被认为是非常重要的因素，能够有效地保证信息的通畅。

当前在煤矿应急管理中，地质信息技术在今天的应急管理环境扮演着至关重要的角色，复杂的用户界面往往阻碍高压任务的性能。通过开发协同地质信息平台，为决策者提供直接和容易获得地质信息，能在紧急情况下支持团体协作，允许决策者之间的同步和异步协作；支持GIS使用移动应急管理团队。

4. 管理的因素分析

应急能力中管理要素主要可以概括为安全管理。是指企业的决策者在安全生产工作中，在确保作业中工作人员的身体健康和生命安全，保证国家和人民群众的财产不受到损失的基础上，以提升企业总体的经济效益为目的，保证各项工作有序有效的发展而做出计划、安排、指挥、决策等一系列管理活动，其核心是要制定预防事故发生的管理制度。

通过对500例煤矿企业突发事故的原因分析，有高达78%的煤矿事故与缺乏有效的管理相关。可以看到，管理是否得当是制约煤矿安全的关键要素，煤矿企业整体的管理水平能够直接映射出煤矿整体的安全等级。煤矿企业中管理要素主要包括管理体制和机制、文化的建设、生产设备、通信信息、应急预案及应急队伍的管理等。煤矿应急能力在管理方面的主要工作是：

（1）建立完善的煤矿安全生产应急管理体制和机制

根据相关国家政策和法律法规，国家、省市等各级政府安全监督管理部门都必须设立突发事故应急管理部门，并认真落实各部门的应急管理责任。理顺各级机构与各专业或非专业应急指挥部之间的工作关系。对各机构之间的互助与联动进行强化，推动各种资源的整治组合与信息的共同分享，形成步调统一、集中领导、互助协作的应对突发事故的综合力量。全面开展各级政府安全生产部门在煤矿应急管理方面的协作调和的作用，建立煤矿应急管理的协调机制。

（2）建立完备的煤矿应急预案体系

各煤矿企业要遵从国家法规要求，编制应对各类事故的应急预案，包括集团各公司、各分公司、关键岗位在内的应急预案，同时，要加入政府的计划中，与其进行协调。煤矿企业突发事故的应急预案，要向所辖地区的县级以上人民政府安全监督管理部门报告并备案，同时通知相关单位。地方级政府制定的应急预案要报上一级人民政府有关部门备案。在相关文件的基础上，各省市级安全生产监督管理机构都必须编写制定煤矿各类突发事故的应急预案，以及对预案的审核检查、预案的培训演习等工作视为重要的任务来抓。对煤矿事故应急预案的审查和演习，能够有效地提升应急预案编制的水平，使其达到完备的程度，使所有相关预案能够有效对接，增强应急预案的科学性和可操作性。结合各煤矿生产作业环境条件的变化，同时按照相关法律法规和行业准则的改进状况，并分析煤矿突发事故应急预案训练演习时体现出来的问题和演习结果等，有针对性地对应急预案做出及时的修改和调整。像煤矿企业这样的高危企业，其作业环境的危险性极高，所以要主动安排突发事故的应急训练和演习。每年至少要开展一次大型的综合应急演习，利用对预案的演习，以实现检查验证预案的编制是否合理、锻炼员工的综合能力和救援队伍的救援能力、教育企业员工、提高整体综合能力的目的，使煤矿企业应急预案与政府部门应急预案的对接更加准确有效，同时还能够进一步完善应急预案的内容。

（3）确立完善的应急管理法律法规及标准

煤矿企业要确立全面完善的内部应急规章制度，结合煤矿企业的实际运营情况，并协助相关部门按照相关的法律法规和标准，拟定安全生产应急管理的各项法律法规及标准，强化法治建设，逐渐实现标准的安全生产事故灾难预防和应急处理任务的法律法规和标准。

（4）加大应急救援队伍能力的建设

按照国家制定的安全应急法规，整合改善应急救援所需的资金资源、物质资源等各种资源，加大国家及各地区的专业应急救援队伍的建设力度，建设强有力的煤矿企业应急能力体系。以最快的速度构建成一个整体的救援系统，该系统的基础力量是煤矿企业应急救援力量，精锐力量是国家和区域专业应急救援中心及队伍，辅助力量是志愿救护队等社会救援力量。煤矿企业应成立突发事故应急救援中心。大中型煤矿企业需要成立专门的专职应急救援团队。对于一些没有成立专职救援队的小型煤矿企业，则需指定兼职的救援队伍，同时这些小型煤矿企业应同专业的救援队伍签署应急救援协议。需要兼顾全局来进行规划建设，包含事故预警系统、危险源监测监控系统、事故风险预测分析系统、信息汇总报告系统、各项指标的查询系统、辅助决议的策划决策系统、应急指挥系统和事后评估总结系统在内的各类突发事故应急信息综合系统，使各级突发事故应急指挥机构之间、各级应急救援机构之间共同享有的各类信息，以实现信息传递的时效性。要根据实际情况建设应急信息系统，依附于突发事故通信信息系统和有关办公信息系统的资源，对各项技术标准化、规范化，达到相互联通的信息资源共享，防止建设出现反复，浪费资源。

各级政府和煤矿企业共同建造一支业务技能熟练、设备优良、装备先进的应急救援队伍和一支作风严谨，觉悟高尚的应急管理团队。并实时对其进行培训，加强忧患意识、奉献服务意识；做好教育、培训与训练工作，提高管理水平和实战水平。

（5）搞好事故的防范工作

要对煤矿企业的风险管理、重大危险源监控等工作进行强化，搞好事故隐患的检查排除和整顿改革工作。构建事故预警体系，强化事故的预测、预警工作，应当按期检查重点区域，并对重大危险源和重点位置实施评估分析，若存在将会造成事故的信息，则需要及时对其进行预警。

（6）做好事故救援工作

发生事故的煤矿企业要马上启动应急预案，组织现场救援。要在政府的统一指挥、集中领导下，通过技术途径，对突发事故的蔓延扩大趋势进行预测，施展各类专家的作用，编制突发事故现场的救援措施。并设立突发事故应急救援的现场组织指挥管理机制，强化互助调配，召集专门的应急救援团队，调集各种应急施救时所需的物资与设备器材，而后展开应急救援行动，必要时还要向外界求助，进行增援。安全监督管理部门和应急指挥中心要与相关部门联合起来共同对突发事故现场救援的具体实施、指挥工作进行检查，并大力加强对突发事故现场救援的安置工作。重视对煤矿突发事故信息的及时公布，引导社会舆论，为治理事故营造一个较好的舆论氛围。煤矿企业要对经验教训进行针对性的分析总结，并作出建设性改进意见。安监部门需对其辖区内的安全生产突发事故的处置、预防工作以及各煤矿企业的应急管理水平开展评估工作，随时修改整合，以提升整体的应急管理的水平。

（7）加大应急管理的教育培训和宣传力度

将煤矿应急能力方面的内容纳入煤矿企业教育培养训练体系中。在各种相关培训中，如安全类资格培训、特殊岗位培训、企业各部门主要责任人及管理人员的培训以及对各地市长、县长培训等，要不断扩大其安全生产方面以及应急管理方面的内容。政府部门根据煤矿企业的需求，分门别类地编写教材，加强安全生产专题培训。特别是在煤矿企业内部，要定期组织教育培训，并要不断强化井下作业人员和井上管理人员的应急管理、应急救援知识教育培训，尤其是要加强对特殊岗位及重点岗位人员的培训力度，通过培训是为了能够提高事故现场应急处理的能力。煤矿企业及各地政府应当充分利用各地媒体的宣传能力，通过不同的手段、途径来加大宣传的力度。以便于实现煤矿企业中，人人知晓安全生产相关的法律法规、事故应急预案，应急救援知识，并能够深入每个人的心中。同时，煤矿企业内部也要做好知识的普及工作，例如怎样预防事故的发生，一旦发生事故时如何进行躲避、如何进行自救、互救等应急处理知识，提高作业工人的救援技能。

5.环境的因素分析

煤矿应急管理的环境因素包括自然环境和社会环境两部分，自然环境有自然灾害、气候因素、季节因素和地质条件等。社会环境包括政治环境、经济环境、管理环境和社会风气等。这些因素对应急管理带来一些影响。煤矿企业应与当地政府、医疗、消防等部门以及社会一些救援组织机构建立密切的合作关系，在出现事故时，快速有效的联动，在最短的时间内实施救援行动。环境因素都可导致事故的发生，并使事故伤害范围扩大，比如道路交通的情况决定人、设备、救援物资是否能顺利通过。

在人、设备、技术、管理和环境五种因素中，从应急协同上来讲最主要的因素是管理，起到中枢的作用，因为管理因素可以直接或间接地影响其他4个因素，有效的管理能提高应急管理系统的运转；反之，低效或无效的管理将导致整个系统的无序和混乱，削弱应急管理的系统作用。人员因素在应急管理中承担主体角色，科学管理，能动地改善管理系统。设备和技术因素是应急管理不可或缺的资源基础和物质手段，环境因素是应急管理面临的客观条件，是影响系统有效运转的要素群。

6.1.4 煤矿应急能力指标体系的建立

根据上文论述，煤矿应急管理系统中，过程子系统是核心，所以煤矿应急管理能力的一级指标可以按照过程子系统来设定，主要有四个方面组成，即预防、准备、响应、恢复。从这四个方面出发，建立一个总目标层：煤矿应急能力，四个二级指标层和32个三级指标层。其中应急预防能力的指标包括9个，应急准备能力的指标包括7个，应急响应能力的指标包括7个，应急恢复善后能力的指标包括9个，综上，建立如下指标体系，见图6-1。

第六章 煤矿应急管理能力评价

```
                              ┌─ 基础数据管理完备性
                              ├─ 预防安全检查机制
                              ├─ 应急预案编制的适应性
                              ├─ 重大危险源识别机制
                   应急预防能力 ─┼─ 风险评估机构设置
                              ├─ 应急管理制度的建设
                              ├─ 应急相关法律法规落实力度
                              ├─ 处理各种灾难事故的措施
                              └─ 应急管理部门的组织建设

                              ┌─ 作业人员的教育培训
                              ├─ 应急队伍的培训
                              ├─ 应急演练的计划安排
                   应急准备能力 ─┼─ 监测、预警能力
                              ├─ 资源储备与调配
                              ├─ 互助协议的完备性
煤矿应急能力指标体系             └─ 应急救援队伍的建设

                              ┌─ 救援响应的速度
                              ├─ 专家参与性
                              ├─ 应急技术水平和设备先进性
                   应急响应能力 ─┼─ 跨部门协同水平
                              ├─ 应急通信保障系统完备程度
                              ├─ 与政府的协调性
                              └─ 与事故相关单位联络能力

                              ┌─ 恢复计划的制定
                              ├─ 恢复计划的实施
                              ├─ 资金的分配
                              ├─ 清理现场的速度
                 应急恢复善后能力─┼─ 清理现场消耗的资源
                              ├─ 清理恢复现场的设备配备
                              ├─ 事后的调查评估
                              ├─ 事故责任的认定
                              └─ 事后保险的索赔
```

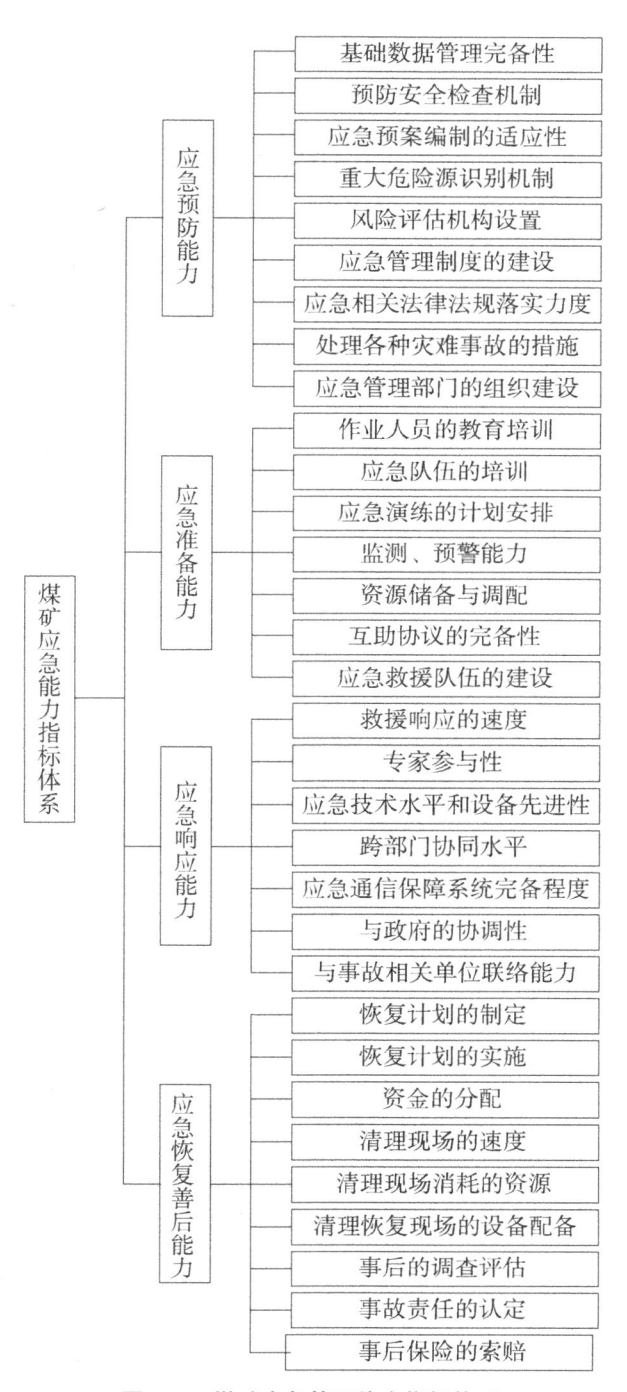

图 6-1 煤矿应急管理能力指标体系

6.2 熵权可拓理论模型的建立

6.2.1 基于熵权法的权重确定模型

计算步骤如下：

（1）请相关专家对煤矿事故应急管理能力打分，把原始数据归一化，得到比重 f_{ij} 即：

$$f_{ij} = \frac{r_{ij}}{\sum_{i=1}^{n} r_{ij}}, i=1,2,\cdots,m \tag{6.1}$$

（2）计算各指标的熵值

根据信息熵的定义公式：

$$H_j = -k \sum_{i=1}^{m} f_{ij} \ln f_{ij} \quad (i=1,2,\cdots,m \quad j=1,2,\cdots,n) \tag{6.2}$$

第 j 个指标的偏差度 g_j，H_j 越大，该指标的偏差度应越小。

$$g_j = 1 - H_j \tag{6.3}$$

（3）权重是指影响程度。第 j 个评价指标的权重计算公式为：

$$w_j = \frac{g_j}{\sum_{j=1}^{n} g_j} \tag{6.4}$$

6.2.2 可拓评价模型的构建

在可拓学中，"物元"这一概念被首次提出，"物元"是由三个元素组成的，包括事物、特征及事物关于该特征的量值。元素组 R=（N 事物，C 特征，V 量值）是依照固定顺序构成的，称为有序三元组。在评价中，定性方面的计算是通过物元的可拓性进行的，在定量方面是使用可拓集合论的关联函数，通过构建物元模型，把待评价问题的各指标转变为一种相容问题，这样来评价，最终获取到符合实际情况的结论。

（1）物元模型

①确定节域

"节域"概念是为表示特征 $c_1,c_2,\cdots,c_n$ 的取值范围而引入的，其定义形式为：

$$R=(P,C,X)=\begin{bmatrix} P & c_1 & X_1 \\ & c_2 & X_2 \\ & \cdots & \cdots \\ & c_n & X_n \end{bmatrix}=\begin{bmatrix} P & c_1 & (a_1,b_1) \\ & c_2 & (a_2,b_2) \\ & \cdots & \cdots \\ & c_n & (a_n,b_n) \end{bmatrix} \quad (6.5)$$

式中：P 是全体的评价等级分类；

X_{pi} 是 P 关于待评指标 c_i 的量值范围，即 $(a_{pi},b_{pi})(i=1,2,\cdots,n)$。

②确定经典域

设有 n 个煤矿应急能力评价指标，则可表示为下面的 n 维物元：

$$R_j=(N_j,C_i,X_{ji})=\begin{bmatrix} N_j & c_1 & X_{j1} \\ & c_2 & X_{j2} \\ & \cdots & \cdots \\ & c_n & X_{ji} \end{bmatrix}=\begin{bmatrix} N_j & c_1 & (a_{j1},b_{j1}) \\ & c_2 & (a_{j2},b_{j2}) \\ & \cdots & \cdots \\ & c_n & (a_{jn},b_{jn}) \end{bmatrix} \quad (6.6)$$

$(i=1,2,\cdots,n; j=1,2,\cdots,m)$

式中：N_j 表示煤矿应急能力的第 j 个评价级别；

$c_1,c_2,\cdots,c_n$ 表示 N_j 的不同的 n 个特征；

$X_{j1},X_{j2},\cdots X_{ji}$ 表示 N_j 关于特征 $c_1,c_2,\cdots,c_n$ 的量值范围，即 (a_{ji},b_{ji})。

待评物元。

$$R_{评价}=(p,C,X)=\begin{bmatrix} P & c_1 & x_1 \\ & c_2 & x_2 \\ & \cdots & \cdots \\ & c_n & x_n \end{bmatrix} \quad (6.7)$$

式中：x_i 表示 P 关于 c_i 的量值。

（2）各级别的关联度与评价等级关联度函数

煤矿应急能力的待评指标 c_i 关于第 j 个级别的关联函数为：

$$K_j(x_i)=\frac{\rho(x_i,X_{ji})}{\rho(x_i,X_i)-\rho(x_i,X_{ji})} \quad (6.8)$$

$$\rho\left(x_i, X_{ji}\right) = \left|x_i - \frac{a_{ji}+b_{ji}}{2}\right| - \frac{b_{ji}-a_{ji}}{2} \qquad (6.9)$$

$$\rho\left(x_i, X_i\right) = \left|x_i - \frac{a_i+b_i}{2}\right| - \frac{b_i-a_i}{2} \qquad (6.10)$$

式中：$K_j(x_i)$ 是指第 i 个指标值属于第 j 个标准级别的关联函数；

x_i 是第 i 个特征的取值 ($i=1,2,\cdots,n$)；

$\rho(x_i, X_{ji})$ 表示 ρ 与 $N_j(j=1,2,\cdots,m)$ 关于指标 c_i 的距；

$\rho(x_i, X_i)$ 表示 ρ 与 P 关于指标 c_i 的距。

待评问题对于不同级别的接近程度用隶属度来表示，也可称其为综合关联度；$K_j(p_i)$ 是加入指标权重的情况下，对待评问题的各指标关于各级别的关联度的组合值，表示评价指标 p 属于等级 j 的程度。

（3）若 $K_j(p) = \max K_j(p), (j=1,2,\cdots,m)$ 则评定 p 属于等级 j。

6.3　A煤矿应急能力评价的实例分析

6.3.1　A煤矿简介

A煤矿系完达山北麓，地处黑龙江省东北部，三江平原腹地，双鸭山市友谊县境内。A煤矿是1978年12月26日破土动工，1984年10月20日投产的大型现代化矿井。煤田含煤地层是鸡西群的城子河组，成煤年代距今大约1.37亿年。井田走向长度为6.72千米，倾向长度4千米，井田面积26.88平方千米，可采煤层15层，总厚度为21.59米，可采储量26714万吨。目前剩余可采储量1.03亿吨，剩余服务年限31年，主要以长烟煤为主，开拓方式为集中皮带斜井多水平采区上下山石门开拓。自2007年以来，原煤产量始终稳定在220万吨以上，经过多年改扩建，目前核定能力为240万吨。企业拥有3910员工，下设19个基层单位，其中4个生产井区、5个生产辅助区（科）、10个服务单位。其中3个采煤队（一综两高），18个掘进段队（其中3个综掘，15个炮掘）。

1. 应急救援组织体系

为了应急预案的有效实施，企业内部已经建立了健全的组织机构和系统的指挥领导机制于一体的突发事故应急救援组织体系，见图6-2。

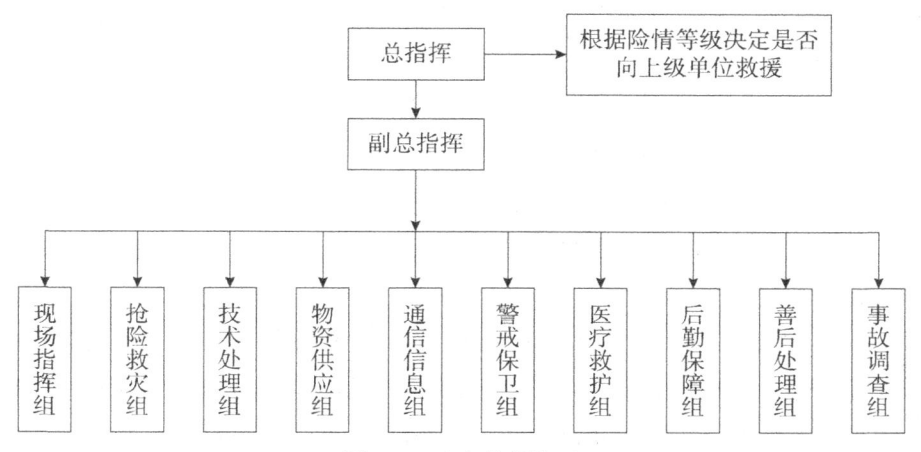

图6-2 应急救援体系

2. 安全生产系统

（1）矿井主提升

现有2台斜井钢丝绳牵引座架式皮带机，负担全矿原煤提升及人员升降任务。

①水平主井皮带：型号：L147P；长度：1280米；带宽：1000毫米；带速：2.2米/秒；井筒倾角16°30′；由两台JR0158-8型电机拖动，功率380kW，电压6KV，年运输能力218.3（万吨/年）。

②二水平主井皮带：型号：L147P；长度：1450米；带宽：1000毫米；带速：2.2米/秒；井筒倾角16°；由两台JR0158-8型电机拖动，功率380kW，电压6KV。年运输能力218.3（万吨/年）。

（2）矿井辅提升

现有11台斜井单钩串车提升绞车（其中地面矸石山绞车3台），负责矿井提矸下料任务，其中：矿井中央区三段绞车及二区一、二、三段还负责矿井升降人员的任务。

（3）排水

①矿井正常涌水量为2200m³/小时，最大涌水量为2300m³/小时。

②矿井排水方式：采用分段排水方式。为了确保矿井后期的排水安全，施工直排管路两趟，现两处直排地面的管路及硐室内增加两台480kw的水泵已施工完毕。

（4）供电系统

双回路高压电源，一回引自七星变电所60KV母线，线路选用LGJ—150mm²导线，长度为15.5km。一回引自双阳变电所60kV母线，线路选用LGJ—150mm²导线，长度为15.1km。

在地面设一座60kV变电所，安装两台主变压器，型号SLF7—16000KVA60/6.3变压器，两台变压器分列运行。入井电缆9条，4条MYJV22—6000 3×150mm²，2条MYJV22-6000，3×185mm²及1条MYJV22—6000，3×95mm²型高压电缆敷设至井下中央变电所，供电距离平均为1.7km。另外2条MYJV42—6000 3×150mm²敷设至二区变电所，供电距离平均为2.2km。

（5）通风

矿井通风方式为中央分列与两翼对角混合式通风，有四个进风井：主井、一副井、二副井、二区一段井，两个回风井：中央区风井、二区风井。主扇采用抽出式工作方法，现有二处主扇。中央区主扇型号为BDK—6—No28两台，电机为YDF560M2-8，功率为2×450kw，设计最大通风能力为10000 m³/min，水柱为460 mmH₂O，现水柱为335 mmH₂O；二区主扇型号为BDK—6—No21两台，电机为YDF450s，功率为2×250kW，设计最大通风能力为6000 m³/min，水柱为350 mmH₂O，现水柱为225 mmH₂O。在七、八采区之间施工直径为5.5米的回风立井一处，2013年年初投入使用，届时二采区可风量可增加到9000m³/min，矿井的风量可增加到18000 m³/min，可以满足矿井安全生产的需要（1.5倍系数）。水柱降到300 mmH₂O以内。

（6）瓦斯抽放

现有两处瓦斯抽放站，其中：地面抽放站1处，位置在二区地面，建筑面积300㎡。抽放泵型号为2BES52三台，流量为225m³/min。及400kW流量抽放泵2台。该抽放站月抽放时间为724小时，月抽放量为14.9万m³，抽放浓度为6%~8%。六采区移动抽放系统一套，位置在负520石门，抽放泵共有3台，型号为ZWY-110/132，流量为110 m³/min，瓦斯抽放出口六采区专用风道内。系统建成时间为2011年，该系统目前运转正常。

（7）安全监控系统

2008年8月安装KJ333型安全监控系统，2009年1月验收合格，目前煤矿KJ333监控系统运行基本正常，并能与龙煤股份集团双鸭山分公司联网，对井下瓦斯、一氧化碳、馈电、主扇、风机、风门、风速、烟雾、温度等进行实时监测，并能够对瓦斯监测地点进行断电控制。

（8）通信系统

调度通信程控交换机型号为上海华亭SH-3000D通信系统，装机容量为512门，采用光纤及通信电缆传输，目前井下安设光端机4台，通信干线铺设5万米，目前对井下各机电硐室、水泵房、采、掘工作面、皮带头及水平大巷已安设固定电话，并具有直通矿调度中心电话的功能，目前该系统能实现煤矿井上下调度指挥及地面辅助部门的通信联络。

（9）人员定位系统

现使用的人员定位系统KJ150A，该系统建在工业以太网基础上，利用入井人员矿灯上安装的随身携带的人员标识卡向人员接收分站发射ID信号，通过信号转换器输入井下工业以太网光纤交换机，由井下工业以太网将数据传送到地面中心站，实现井下人员考勤、跟踪定位、灾后急救及日常管理等功能，井下采、掘工作面及各石门大巷，已安设了90台读卡器，目前该系统运行稳定正常。

（10）束管监测系统

现使用邹城市南煤科技有限公司JSG-7束管监测系统，用于煤矿自然发火预测预报和防治工作，早期预报煤炭自然发火情况，该系统是于2010年年底改造完成的，目前运行基本稳定，能进行手动化验气样。井下共敷设束管30000m，对六层、八层、十层已安设28路。

6.3.2 A煤矿应急能力评价指标权重的确定

A煤矿应急能力评价指标权重确定步骤如下：

第一步，确定评估专家的人选。对待评对象进行评价时，选取的专家一定要有普遍的象征性，这些被选专家要对自己的业务非常熟悉，有较强的观察力和判断力，有各自的长处，还要有一定的名望。人数通常5~9人。

第二步，专家评估法。又称专家调查法。是通过专家的知识和经验，和专家对待评对象的调查研究，来获取所需信息。先由不同专家对评价指标进行分析和评价，计算平均评分值得出各个指标的分值，其评分结果具有数理统计的特点。专家调查法适用于在缺少原始数据信息的情况下，以主观的方式将定性指标给出定量估计数值。

第三步，打分量表的设计。采用了七级Likert scale量表法。为使打分专家能够清楚地明白分值的含义，分别对七个标度进行了详细的介绍，见表6-1。

表6-1 专家打分的分值含义

标度值	含义
1	对煤矿企业应急能力评价不重要，可有可无
2	对煤矿企业应急能力评价有间接影响
3	对煤矿企业应急能力评价有影响
4	对煤矿企业应急能力评价一般重要
5	对煤矿企业应急能力评价比较重要
6	对煤矿企业应急能力评价很重要
7	属于煤矿企业应急能力评价的关键指标

打分专家分别为新安煤矿的应急能力的各个评价指标进行打分，得到结果见表6-2。

表6-2 专家打分汇总表

二级指标	01	02	03	04	05	06	07
基础数据管理完备性	1	1	1	1	1	1	1
预防安全检查机制	3	3	3	3	3	3	3
应急预案编制的适应性	2	2	2	2	2	2	2
重大危险源识别机制	2	2	3	2	2	2	2
风险评估机构设置	4	5	4	4	4	4	4

续表

二级指标	01	02	03	04	05	06	07
应急管理制度的建设	5	5	5	6	5	6	5
应急相关法律法规落实力度	7	6	6	7	7	6	7
处理各种灾害事故的措施	6	5	6	6	6	6	6
应急管理部门的组织建设	6	6	6	6	6	6	6
作业人员的教育培训	5	5	5	5	5	5	5
应急队伍的培训	3	3	3	3	4	3	3
应急演练的计划安排	5	5	4	5	5	5	5
监测、预警能力	7	7	6	6	7	6	7
资源储备与调配	4	4	4	4	4	4	4
互助协议的完备性	4	4	3	5	4	5	4
应急救援队伍的建设	4	3	4	4	4	4	4
救援响应的速度	3	4	3	3	3	3	3
专家参与性	7	6	7	7	7	7	7
应急技术和设备水平	1	2	1	1	1	2	1
跨部门协作水平	3	2	4	3	3	3	3
应急通信保障系统完备程度	3	2	3	3	3	3	3
与政府协调性	3	3	3	2	3	2	3
与事故相关单位协同能力	6	5	6	6	5	6	6
恢复计划的制订	6	6	5	6	6	6	6
恢复计划的实施	7	7	7	7	7	7	7
资金的分配	6	6	6	6	6	6	6
清理现场的速度	4	4	4	4	5	4	4
清理现场消耗的资源	6	7	6	6	6	6	6
清理恢复现场的设备配备	5	5	5	4	5	4	5
事后的调查评估	7	6	6	6	7	6	7
事故责任的认定	5	6	6	5	5	5	5
事后保险的索赔	4	4	3	3	4	3	4

第四步，为了确定评价指标的权重，首先要对数据进行归一化处理，运用公式（6.1），用来消除评价指标属性值对运算结果的影响，算出煤矿企业应急能力三级评价指标数据归一化处理后的数据见表6-3。

表6-3 煤矿企业应急能力三级指标数据归一化处理后数据表

二级指标	01	02	03	04	05	06	07
预案编制的完备程度	0.0061	0.0063	0.0063	0.0061	0.006	0.006	0.006
预防安全检查机制	0.0184	0.0190	0.0189	0.0190	0.0184	0.019	0.018
应急预案编制的适应性	0.0123	0.0127	0.0126	0.0127	0.0123	0.013	0.012
重大危险源识别机制	0.0123	0.0127	0.0189	0.0127	0.0123	0.019	0.012
风险评估机构设置	0.0245	0.0316	0.0252	0.0253	0.0245	0.025	0.025
应急管理制度的建设	0.0307	0.0316	0.0314	0.0380	0.0307	0.031	0.031
相关法律法规落实力度	0.0429	0.0380	0.0377	0.0443	0.0429	0.038	0.043
处理灾害事故的措施	0.0368	0.0316	0.0377	0.0380	0.0368	0.038	0.037
应急管理部门组织建设	0.0368	0.0380	0.0377	0.0380	0.0368	0.038	0.037
作业人员的教育培训	0.0307	0.0316	0.0314	0.0316	0.0307	0.031	0.031
应急队伍的培训	0.0184	0.0190	0.0189	0.0190	0.0245	0.019	0.018
应急演练的计划安排	0.0307	0.0316	0.0252	0.0316	0.0307	0.025	0.031
监测、预警能力	0.0429	0.0443	0.0377	0.0380	0.0429	0.038	0.043
资源储备与调配	0.0245	0.0253	0.0252	0.0253	0.0245	0.025	0.025
互助协议的完备性	0.0245	0.0253	0.0189	0.0316	0.0245	0.019	0.025
应急救援队伍的建设	0.0245	0.0190	0.0252	0.0253	0.0245	0.025	0.025
救援响应的速度	0.0184	0.0253	0.0189	0.0190	0.0184	0.019	0.018
专家参与性	0.0429	0.0380	0.0440	0.0443	0.0429	0.044	0.043
应急技术和设备水平	0.0061	0.0127	0.0063	0.0063	0.0061	0.006	0.006
跨部门协作水平	0.0184	0.0127	0.0252	0.0190	0.0184	0.025	0.018
通信保障系统完备程度	0.0184	0.0127	0.0189	0.0190	0.0184	0.019	0.018

续表

二级指标	01	02	03	04	05	06	07
与政府协调性	0.0184	0.0190	0.0189	0.0127	0.0184	0.019	0.018
相关单位协同能力	0.0368	0.0316	0.0377	0.0380	0.0307	0.038	0.037
恢复计划的制定	0.0368	0.0380	0.0314	0.0380	0.0368	0.031	0.037
恢复计划的实施	0.0429	0.0443	0.0440	0.0443	0.0368	0.044	0.043
资金的分配	0.0368	0.0380	0.0377	0.0380	0.0368	0.038	0.037
清理现场的速度	0.0245	0.0253	0.0252	0.0253	0.0307	0.025	0.025
清理现场消耗的资源	0.0368	0.0443	0.0377	0.0380	0.0368	0.038	0.037
恢复现场的设备配备	0.0307	0.0316	0.0314	0.0253	0.0307	0.031	0.031
事后的调查评估	0.0429	0.0380	0.0377	0.0380	0.0429	0.038	0.043
事故责任的认定	0.0307	0.0380	0.0377	0.0316	0.0307	0.038	0.031
事后保险的索赔	0.0245	0.0253	0.0189	0.0190	0.0245	0.019	0.025

第五步，取 $k = \dfrac{1}{\ln 37} = 0.2769$。利用熵值计算公式6.2，得到煤矿企业应急能力各个评价指标的熵值。

第六步，利用公式6.3计算出煤矿企业应急能力各个评价指标的偏差度，计算出偏差度向量。

第七步，对偏差度进行归一化，最终得到了煤矿企业应急能力各个评价指标的权重。见表6-4。

表6-4 评价指标权重

二级指标	评价指标熵值	偏差度向量	评价指标权重
基础数据管理完备性	0.0439	0.9561	0.0297
预防安全检查机制	0.1031	0.8969	0.0279
应急预案编制的适应性	0.0758	0.9242	0.0288
重大危险源识别机制	0.0813	0.9187	0.0286
风险评估机构设置	0.1321	0.8379	0.0270

续表

二级指标	评价指标熵值	偏差度向量	评价指标权重
应急管理制度的建设	0.1540	0.8338	0.0263
应急相关法律法规落实力度	0.1817	0.8144	0.0255
处理各种灾害事故的措施	0.1662	0.8296	0.0259
应急管理部门的组织建设	0.1703	0.8680	0.0258
作业人员的教育培训	0.1498	0.8258	0.0264
应急队伍的培训	0.1080	0.8546	0.0277
应急演练的计划安排	0.1454	0.8221	0.0266
监测、预警能力	0.1817	0.8419	0.0255
资源储备与调配	0.1276	0.8105	0.0271
互助协议的完备性	0.1272	0.9369	0.0291
应急救援队伍的建设	0.1227	0.8822	0.0274
救援响应的速度	0.1081	0.9371	0.0292
专家参与性	0.1856	0.8144	0.0253
应急技术和设备水平	0.0503	0.9498	0.0295
跨部门协作水平	0.1025	0.9497	0.0295
应急通信保障系统完备程度	0.0976	0.8975	0.0279
与政府协调性	0.0976	0.9024	0.0281
与事故相关单位协同能力	0.1621	0.9024	0.0281
恢复计划的制订	0.1662	0.8379	0.0261
恢复计划的实施	0.1856	0.8338	0.0259
资金的分配	0.1703	0.8144	0.0253
清理现场的速度	0.1320	0.8296	0.0258
清理现场消耗的资源	0.1742	0.8680	0.0270
清理恢复现场的设备配备	0.1453	0.8258	0.0257
事后的调查评估	0.1779	0.8546	0.0266
事故责任的认定	0.1581	0.8221	0.0256
事后保险的索赔	0.1177	0.8822	0.0274

6.3.3　A 煤矿应急能力可拓综合评价

同样采取专家调查表的形式，选取 A 煤矿安全管理的主要责任人，由该责任人根据 A 煤矿的实际情况进行评价。根据可拓综合评价理论的特点，将煤矿企业应急能力的评价等级划分为五个等级，分别为：{优、良、一般、较差、差}，与之相对应的安全等级取值为{[0,20],[20,40],[40,60],[60,80][80,100]}。通过对有效的调查问卷结果按评价指标相应等级进行统计，得到表 6-5 的评价统计：

表 6-5　指标评价数据统计表

评价对象	一级指标	二级指标	评 分				
			优	良	一般	较差	差
煤矿应急能力指标体系	应急预防能力	基础数据管理完备性		65			
		预防安全检查机制		70			
		应急预案编制的适应性			55		
		重大危险源识别机制	85				
		风险评估机构设置	85				
		应急管理制度的建设		70			
		应急相关法律法规落实力度		65			
		处理各种灾害事故的措施			50		
		应急管理部门的组织建设			55		
	应急准备能力	作业人员的教育培训		65			
		应急队伍的培训		75			
		应急演练的计划安排	85				
		监测、预警能力	80				
		资源储备与调配		70			
		互助协议的完备性				50	

续表

评价对象	一级指标	二级指标	评分				
			优	良	一般	较差	差
煤矿应急能力指标体系	应急响应能力	应急救援队伍的建设	85				
		救援响应的速度		70			
		专家参与性		80			
		应急技术和设备水平	85				
		跨部门协作水平		70			
		应急通信保障系统完备程度			55		
		与政府协调性			50		
		与事故相关单位协同能力		65			
	应急恢复善后能力	恢复计划的制订		70			
		恢复计划的实施	80				
		资金的分配		70			
		清理现场的速度			50		
		清理现场消耗的资源		70			
		清理恢复现场的设备配备	80				
		事后的调查评估	85				
		事故责任的认定	85				
		事后保险的索赔		70			

对二级指标进行可拓综合评价，以应急准备能力为例介绍可拓综合评价的应用。

第一步，确定经典域和节域。

将煤矿事故应急能力评价的等级划分为五级：{优、良、一般、较差、差}。根据所建立的应急能力评价体系，各等级的经典域物元分别为：

$$R_{01}=\begin{bmatrix} N_{01} & 作业人员的教育培训 & <80,100> \\ & 应急队伍的培训 & <80,100> \\ & 应急演练的计划安排 & <80,100> \\ & 监测、预警能力 & <80,100> \\ & 资源储备与调配 & <80,100> \\ & 互助协议的完备性 & <80,100> \end{bmatrix}$$

$$R_{02}=\begin{bmatrix} N_{02} & 作业人员的教育培训 & <60,80> \\ & 应急队伍的培训 & <60,80> \\ & 应急演练的计划安排 & <60,80> \\ & 监测、预警能力 & <60,80> \\ & 资源储备与调配 & <60,80> \\ & 互助协议的完备性 & <60,80> \end{bmatrix}$$

$$R_{03}=\begin{bmatrix} N_{03} & 作业人员的教育培训 & <40,60> \\ & 应急队伍的培训 & <40,60> \\ & 应急演练的计划安排 & <40,60> \\ & 监测、预警能力 & <40,60> \\ & 资源储备与调配 & <40,60> \\ & 互助协议的完备性 & <40,60> \end{bmatrix}$$

$$R_{04}=\begin{bmatrix} N_{04} & 作业人员的教育培训 & <20,40> \\ & 应急队伍的培训 & <20,40> \\ & 应急演练的计划安排 & <20,40> \\ & 监测、预警能力 & <20,40> \\ & 资源储备与调配 & <20,40> \\ & 互助协议的完备性 & <20,40> \end{bmatrix}$$

$$R_{05} = \begin{bmatrix} N_{05} & 作业人员的教育培训 & <0,20> \\ & 应急队伍的培训 & <0,20> \\ & 应急演练的计划安排 & <0,20> \\ & 监测、预警能力 & <0,20> \\ & 资源储备与调配 & <0,20> \\ & 互助协议的完备性 & <0,20> \end{bmatrix}$$

第二步 确定待评物元为：

$$R = \begin{bmatrix} N & 作业人员的教育培训 & 65 \\ & 应急队伍的培训 & 75 \\ & 应急演练的计划安排 & 85 \\ & 监测、预警能力 & 80 \\ & 资源储备与调配 & 70 \\ & 互助协议的完备性 & 50 \end{bmatrix}$$

第三步，在该评价体系中，没有一定要满足的指标特征，故可省略该步骤。

第四步，确定评价指标的权重：由表5-4得出 A_i={0.0264,0.0277,0.0266,0.0255,0.0271,0.0291}

第五步，建立关联函数，计算关联度：

$$k_{11}(v_1) = -\frac{\rho(v_l, v_{0l1})}{\rho(v_i, v_{p1}) - \rho(v_i, v_{0l1})} = \frac{15}{-35-15} = -0.3$$

$$\rho(v_1, v_{p1}) = \left|65 - \frac{100+0}{2}\right| - \frac{1}{2}(100-0) = -35$$

$$\rho(v_1, v_{0l1}) = \left|65 - \frac{80+100}{2}\right| - \frac{1}{2}(100-80) = 15$$

依次计算可得出

$$\rho(v_1, v_{0l2}) = \left|65 - \frac{60+80}{2}\right| - \frac{1}{2}(80-60) = -5$$

$$\rho(v_1, v_{0l3}) = \left|65 - \frac{40+60}{2}\right| - \frac{1}{2}(60-40) = 5$$

$$\rho(v_1, v_{0l4}) = \left|65 - \frac{20+40}{2}\right| - \frac{1}{2}(40-20) = 25$$

$$\rho(v_1, v_{0/5}) = \left|65 - \frac{0+20}{2}\right| - \frac{1}{2}(20-0) = 45$$

由此可计算出

$$k_{12}(v_1) = \frac{-5}{-35+5} = 0.1667$$

$$k_{13}(v_1) = \frac{5}{-35-5} = -0.125$$

$$k_{14}(v_1) = \frac{25}{-35-25} = -0.4167$$

$$k_{15}(v_1) = \frac{45}{-35-45} = -0.5625$$

同理计算得出

$k_{21}(v_2) = -0.25, k_{22}(v_2) = 0.5, k_{23}(v_2) = -0.25, k_{24}(v_2) = -0.5, k_{25}(v_2) = -0.625$
$k_{31}(v_3) = -0.3571, k_{32}(v_3) = -0.1, k_{33}(v_3) = 0.125, k_{34}(v_3) = -0.25, k_{35}(v_3) = -0.4375$
$k_{41}(v_4) = 0.5, k_{42}(v_4) = -0.25, k_{43}(v_4) = -0.625, k_{44}(v_4) = -0.75, k_{45}(v_4) = -0.5909$
$k_{51}(v_5) = 0.31, k_{52}(v_5) = 0.42, k_{53}(v_5) = 0.568, k_{54}(v_5) = 0.486, k_{55}(v_5) = 0.265$
$k_{61}(v_6) = 0.135, k_{62}(v_6) = 0.326, k_{63}(v_6) = 0.475, k_{64}(v_6) = 0.651, k_{65}(v_6) = 0.75$

第六步，计算出评价对象的综合关联度：

$$k_{p1} = A_1 \times K_1 = \begin{bmatrix} 0.0297 \\ 0.0279 \\ 0.0288 \\ 0.0270 \\ 0.0263 \end{bmatrix}^T \times \begin{bmatrix} -0.3 & 0.1667 & -0.125 & -0.4167 & 0.5625 \\ -0.25 & 0.5 & -0.25 & -0.5 & -0.625 \\ -0.3571 & -0.1 & 0.125 & -0.25 & -0.4375 \\ 0.5 & -0.25 & -0.625 & -0.75 & -0.5909 \\ 0.31 & 0.42 & 0.568 & 0.486 & 0.265 \\ 0.135 & 0.326 & 0.475 & 0.651 & 0.75 \end{bmatrix}$$

该煤矿事故应急准备能力的评价为良。

同理可分别得出应急预防能力为良，应急响应能力为一般，应急恢复善后能力为良。

6.3.4 可拓综合评价结果与对策

1. 综合评价结果与分析

根据可拓综合评价模型，得出 A 煤矿应急能力评价指标的评价结果，见表6-6。

表6-6 可拓综合评价数据结果表

评价对象	评价等级	一级指标	评语等级	二级指标	评语等级
煤矿应急能力	良	应急预防能力	良	基础数据管理完备性	良
				预防安全检查机制	一般
				应急预案编制的适应性	良
				重大危险源识别机制	良
				风险评估机构设置	一般
				应急管理制度的建设	优
				应急相关法律法规落实力度	良
				处理各种灾害事故的措施	良
				应急管理部门的组织建设	一般
		应急准备能力	良	作业人员的教育培训	良
				应急队伍的培训	优
				应急演练的计划安排	良
				监测、预警能力	良
				资源储备与调配	一般
				互助协议的完备性	一般
		应急响应能力	一般	应急救援队伍的建设	良
				救援响应的速度	一般
				专家参与性	一般
				应急技术和设备水平	良
				跨部门协作水平	一般
				应急通信保障系统完备程度	一般
				与政府协调性	一般
				与事故相关单位协同能力	良

续表

评价对象	评价等级	一级指标	评语等级	二级指标	评语等级
煤矿应急能力		应急恢复善后能力	良	恢复计划的制订	良
				恢复计划的实施	一般
				资金的分配	良
				清理现场的速度	良
				清理现场消耗的资源	良
				清理恢复现场的设备配备	一般
				事后的调查评估	良
				事故责任的认定	良
				事后保险的索赔	良

由此可以得知新安煤矿应急能力的综合评价水平为"良",一级指标应急响应能力为"一般";其中预防安全检查机制,风险评估机构设置,应急管理部门的组织建设,资源储备与调配,互助协议的完备性,救援响应的速度,专家参与性,跨部门协作水平,应急通信保障系统完备程度,与政府协调性,恢复计划的实施和清理恢复现场的设备配备能力为一般,其他的能力都表现良好或优。

2. 针对综合评价结果提出相应的整改措施

对A煤矿应急能力进行综合评价,其目的就是找出A煤矿目前在应急能力方面的不足,针对其中的不足提出相应的改进措施,提高整个煤矿企业的应急能力水平,保障煤矿的安全生产。因此,在评价的基础上,针对该矿应急管理能力方面的不足,提出以下几点对策,旨在提高煤矿的整体应急能力水平。

(1) 在应急预防方面,应提高煤矿事故预测预警技术,完善评估机构设置,制定完善的应急预案。推进预防性安全检查,加强隐患的排查治理。重大危险源分级监控制度,全面深入排查治理煤矿企业存在的隐患,与地方政府形成工作合力。

(2) 在应急准备方面,应加强对作业人员的培训,强化煤矿从业人员的培训教育，督促煤矿开展应急救援演练和培训工作，开展事故分析，吸取教训，举一反三，用事故教训推动工作。推动应急管理人员分层级培训，普及应急知识，提升应急能力，加大对资源储备的资金投入。

（3）在应急响应方面，增强应急协调能力，加强应急救援队伍建设，提高应急通信保障系统水平。

（4）在应急恢复善后方面，应制订全面科学的事后恢复计划，以最快的速度恢复生产，在保障安全的前提下，最大限度地减少企业因为事故而带来的损失。

6.4 本章小结

在上文的基础上，建立了煤矿应急管理能力评价指标。其中包括一级指标4个，二级指标32个，并对评价指标进行了定量化的分析。运用熵权法确定了煤矿应急管理能力评价指标的权重，建立基于可拓理论的煤矿应急管理能力综合评价模型。运用所建立的可拓综合评价模型，对A煤矿应急管理能力进行了综合评价，并得出了A煤矿应急能力处于"良"的水平，其中预防安全检查机制，风险评估机构设置，应急管理部门的组织建设，资源储备与调配，互助协议的完备性，救援响应的速度，专家参与性，跨部门协作水平，应急通信保障系统完备程度，与政府协调性，恢复计划的实施和清理恢复现场的设备配备能力为一般，其他的能力都表现良好或优。针对综合评价结果，从四个方面对A煤矿提出了整改意见，以提升煤矿应急管理能力水平。

第七章

结论与展望

7.1　研究结论

本研究基于协同的角度，综合运用事故致因理论、安全应急管理理论、系统学、协同学等，以事故预防为目的，以煤矿为研究对象，以省区为边界，对基于协同煤矿应急管理系统的构建与评价进行深入研究。

本研究主要研究了以下问题：

（1）煤矿事故和安全应急管理现状分析。

（2）基于协同的煤矿应急管理系统构建。

（3）煤矿应急管理系统协同度测量模型构建及其实证研究。

（4）煤矿应急管理能力评价模型及能力提升对策。

通过分析、论证和实证研究，得出了以下主要结论：

（1）面对煤矿安全生产的形势，尽管我国煤矿安全应急管理水平逐年提高，但是，还存在比较严峻的问题：一是组织指挥系统僵化；二是过程管理不够完善；三是应急决策不够科学；四是应急资源配置不合理。

（2）目前，对于煤矿应急管理系统的概念仍然缺乏统一、明确的界定，在充分总结实际的煤矿应急管理存在的问题基础上，本研究利用三维结构分析，提出系统是由组织、决策、过程和资源四个子系统构成。基于协同学的理论，对子系统进行内容设计，贯穿应急管理预防、准备、响应和恢复四个阶段中，通过省区、市区和矿区三个层面予以影响与实现系统目标，科学的协同系统可以提高应急管理能力。

（3）构建煤矿应急管理系统协同度评价模型，指标体系包含 4 个序参量 35 个指标，依托黑龙江煤矿为省区研究对象，进行实证研究，计算得到 2018—2022 年这五年的省区煤矿应急管理系统协同度测量值，结果表明，系统的协同度逐年提高。

（4）构建了煤矿事故应急能力评价指标。其中包括一级指标 4 个，二级指标 32 个，并对评价指标进行了定量化的分析。运用熵权法确定了煤矿应急能力评价指标的权重，建立基于可拓理论的煤矿应急能力综合评价模型。运用所建立的可拓综合评价模型对新安煤矿应急能力进行了综合评价，并得出了A煤矿应急能力处于"良"的水平，其中预防安全检查机制，风险评估机构设置，应急管理部门的组织建设，资源储备与调配，互助协议的完备性，救援响应的速度，专家参与性，跨部门协作水平，应急通信保障系统完备程度，与政府协调性，恢复计划的实施和清理恢复现场的设备配备能力为一般，其他的能力都表现为良好或优。对综合评价结果，从四个方面对A煤矿提出了整改意见，以提升煤矿应急管理能力。

7.2 创新点

（1）将协同学理论、应急管理理论和安全管理相结合，在理论分析和实证研究基础上，界定了基于协同的煤矿应急管理系统内涵。分析和构建区域煤矿事故应急系统，形成能指导煤矿应急管理的系统、完整的应用性理论，为全面地、深入地研究煤矿事故应急提供了新的思路和路径。

（2）研究跨领域、跨部门、跨地域的协同，分析省区、市区和矿区三个层次协同关系，构建区域煤矿应急管理协同度评价模型，以实证研究进行检验。揭示应急管理能力提升机理。

（3）通过对煤矿企业应急能力内涵的分析，以应急预防、准备、响应和恢复为主线，从人、机、技、环和管五个方面对煤矿应急能力指标进行提取，构建煤矿事故应急能力评价模型。并在熵权可拓理论评价模型构建的基础上，对A煤矿应急能力进行了实证评价研究，提升应急管理能力。

7.3 研究展望

在本研究中，关于煤矿应急管理的诸多问题作者没能进行深入的研究。

随着安全应急管理学科的发展，基于协同的煤矿应急管理系统构建与评价研究，还有待于进一步深入，总结以下几点展望：

1.丰富基于协同的煤矿应急管理理论和实践研究

协同学在很多行业和学科领域都得到了广泛和具体的应用，但在煤矿安全应急管理中应用比较少，丰富和完善煤矿应急管理系统的分析与评价，以后还需要进行创新性的探索研究工作。

2.完善煤矿应急管理的协同机制

本书研究的基于协同的煤矿应急管理系统构建与评价，主要是构建了整体系统以及管理内容，并建立评价模型，但是对应急管理协同机制更深层次的内容尚未涉及；缺少进一步研究各子系统之间的相互影响作用，以及在煤矿应急管理能力提升方面所起到的关键作用，同时，这部分的实证研究局限于省区，对于市区和矿区有待进一步研究。

3.提高系统协同度评价模型适用性

本书构建的煤矿应急管理系统协同度评价指标体系是依托黑龙江省煤矿管理实践，由于各地区经济环境、自然环境和技术水平不同，涉及国家政府对煤矿安全应急管理的宏观管理，还要考虑各省区煤矿应急管理差异性，我们还要研究更具普遍性的评价指标体系。

由于作者水平的限制，基于协同的煤矿应急管理系统构建和评价仍需要研究者继续深入探讨。希望本书的研究能为该领域的同行们提供借鉴，对推动学术发展有一定意义和价值，同时也为煤矿应急管理实践工作的开展提供指导，帮助煤矿解决实际问题。

参考文献

[1] 戚宏亮,刘颖,宁云才.战略导向下煤矿安全管理能力的要素研究[J].煤炭技术,2013,32(5):3-5.

[2] 王永明.新时代中国之治中的安全生产监管制度建设[J].行政管理改革,2020(10):18-20.

[3] 曹杰,杨晓光,汪寿阳.突发公共事件应急管理研究中的重要科学问题[J].公共管理学报,2007(2):84-93.

[4] 国务院应急管理办公室.跨区域应急管理合作机制建设调研报告[J].中国应急管理,2014(3):7-9.

[5] 钟开斌.中国应急管理的演进与转换:从体系建构到能力提升[J].理论探讨,2014(2):17-21.

[6] 张茜.公共危机管理系统研究[D].武汉:武汉理工大学,2006.

[7] 赵隽.基于大区制的重庆市应急管理协同机制研究[D].重庆:重庆师范大学,2012.

[8] 戚建刚,郭永良.论我国城市应急机制理论分析模式及其法制化[J].法制与社会,2012(26):203-204,210.

[9] 丁荣嵘.浅谈中国应急管理体制的变革与展望[J].中国管理信息化,2021(1):201-202.

[10] 陈培彬,王丹凤,钟旻桦,等.农村突发公共卫生事件应急管理能力评价[J].统计与决策,2021,37(15):156-160.

[11] 陈安.现代应急管理:理论体系与应用实践[J].安全,2019,40(6):1-14+88.

[12] 佘廉,蒋珩.区域突发公共事件应急联动体系亟待建设[J].武汉理工大学学报(社会科学版),2007(2):162-164,170.

[13] 李春娟,宋之杰.基于知识协同的突发事件应急管理对策研究[J].情报

杂志,2011,30(5):10-13,5.

[14] 雷喆.应急管理中的协同机制研究[D].北京:中共中央党校,2010.

[15] 陈述,余迪,郑霞忠,等.重大突发事件的协同应急响应研究[J].中国安全科学学报,2014,24(1):156-162.

[16] 夏一雪,郭其云.公共危机应急救援力量管理体系研究[J].中国软科学,2012(11):1-10.

[17] 薛澜.中国应急管理系统的演变[J].行政管理改革,2010,8(8):22-24.

[18] 陈安,赵晶,张睿.应急管理中的可恢复性评价[J].科学对社会的影响,2009(2):36-39.

[19] 郭昊.煤矿安全生产应急管理建设探讨[J].山东工业技术,2017(10):89.

[20] 张军波.煤矿瓦斯爆炸应急救援组织管理研究[D].北京:中国矿业大学(北京),2012.

[21] 钱洪伟,于晴.煤矿瓦斯事故应急指挥能力影响因素分析评价[J].煤矿安全,2020,51(11):295-298.

[22] 岳宁芳.煤矿重大灾害事故应急能力评估指标体系的构建[J].煤炭技术,2009,28(2):3-5.

[23] 洪亮,王会萍.基于突变理论的煤矿突发事件应急管理水平评价[J].煤矿安全,2009,40(11):111-113.

[24] 李君治,唐立峰.基于云模型的煤矿企业应急管理能力评价研究[J].经济论坛,2013(8):131-135.

[25] 王春光.基于可拓理论的煤矿应急能力评价[J].中国煤炭,2013,39(8):109-114.

[26] 闫绪娴,董焱.应急管理评价国内研究文献综述[J].商业时代,2013(36):102-104.

[27] 高小平,刘一弘.我国应急管理研究述评(上)[J].中国行政管理,2009(8):29-33.

[28] 刘红芹,沙勇忠,刘强.应急管理协调联动机制构建:三种视角的分析[J].情报杂志,2011,30(4):18-23.

[29] 林冲,赵林度.城际重大危险源应急管理协同机制研究[J].中国安全生产科学技术,2008(5):54-57.

[30] 衣冠勇.基于系统理论的煤矿安全管理能力研究[D].天津：河北工业大学，2011.

[31] 傅贵.安全管理学:事故预防的行为控制方法[M].北京:科学出版社,2013.

[32] 王志永,原方.灾害事故管理国内外理论现状之研究[J].企业技术开发,2014,33(17):57-58.

[33] 韩正强.突发事件应急过程能力评价研究[D].武汉:华中科技大学,2011.

[34] 齐二石,王嵩.城市应急管理系统的构建及系统分析研究[J].现代管理科学,2008(7):3-4,7.

[35] 赵云锋.非常规突发事件的应急管理研究[D].上海:复旦大学,2009.

[36] 华国伟,余乐安,汪寿阳.非常规突发事件特征刻画与应急决策研究[J].电子科技大学学报(社科版),2011,13(2):33-36.

[37] 范维澄.国家突发公共事件应急管理中科学问题的思考和建议[J].中国科学基金,2007(2):71-76.

[38] 陈振明.中国应急管理的兴起:理论与实践的进展[J].东南学术,2010(1):41-47.

[39] 陈安,陈宁,倪慧荟,等.现代应急管理理论与方法[M].北京:科学出版社,2009.

[40] 韩智勇,翁文国,张维,等.重大研究计划"非常规突发事件应急管理研究"的科学背景、目标与组织管理[J].中国科学基金,2009,23(4):215-220.

[41] 刘尚亮,沈惠璋,李峰,等.我国突发事件应急管理体系构建研究[J].科技管理研究,2010,30(19):202-206.

[42] 夏保成,张平吾.公共安全管理概论[M].北京:当代中国出版社,2012.

[43] 唐珺珺.城市应急管理系统框架模型的研究[D].上海:同济大学,2006.

[44] 陈宝智,王金波.安全管理[M].天津:天津大学出版社,1999.

[45] 吴兵,华明国,雷柏伟,等.矿山应急救援系统[J].辽宁工程技术大学学报(自然科学版),2013,32(8):1015-1021.

[46] 程谊梅,杨松令.系统论在企业风险管理中的运用[J].经济论坛,2007(6):70-72.

[47] 斯洛博丹·P.西蒙诺维奇.灾难管理系统论方法与应用[M].北京:科学

出版社,2013.

[48] 张雨浦.煤炭资源型城市竞争力的系统演化与仿真研究[D].哈尔滨:哈尔滨工业大学,2013.

[49] 李曙华.从系统论到混沌学[M].桂林:广西师范大学出版社,2002.

[50] 霍绍周.系统论[M].北京:科学技术文献出版社,1988.

[51] 潘开灵,白列湖.管理协同机制研究[J].系统科学学报,2006(1):45-48.

[52] 胡育波.企业管理协同效应实现过程的研究[D].武汉:武汉科技大学,2007.

[53] 吴国斌,张凯.多主体应急协同效率影响因素实证研究:以湖北省高速公路为例[J].工程研究-跨学科视野中的工程,2011,3(2):164-173.

[54] 王玉琼.煤矿安全管理协同机制研究[D].长春:长春工业大学,2013.

[55] 潘开灵,白烈湖.管理协同理论及其应用[M].北京:经济管理出版社,2006:10-11.

[56] 哈肯(H.Haken)著.徐锡申,等,译.协同学:引论[M].北京:原子能出版社,1984.

[57] 兰洪杰.食品冷链物流系统协同研究[D].北京:北京交通大学,2009.

[58] 杨玉中,吴立云,高永才.煤与瓦斯突出危险性评价的可拓方法[J].煤炭学报,2010,35(S1):100-104.

[59] 仇成,冯俊文,郭春明.发明问题解决理论与可拓学的比较研究[J].技术经济,2008(3):70-73.

[60] 陈红.中国煤矿重大事故中的不安全行为研究[M].北京:科学出版社,2006.

[61] 张宇.煤矿事故专家参与性评价体系的构建研究[D].大连:大连交通大学,2011.

[62] 高翔.煤矿应急管理脆弱性评价及策略研究[D].太原:太原理工大学,2011.

[63] 郑茂杰.煤与瓦斯突出预测及应急响应机制研究[D].北京:中国矿业大学(北京),2009.

[64] 刘华.2008年-2012年我国煤矿事故的统计分析及防治对策[J].煤矿安全, 2013(3):26-28.

[65] 袁显平,严永胜,张金锁.我国煤矿矿难特征及演变趋势[J].中国安全科学学报,2014,24(6):135-140.

[66] 齐琪.煤矿应急管理能力评价及提升研究[D].西安:西安科技大学,2014.

[67] 中国安全生产科学研究院赴美考察团.美国的应急管理体系(下)[J].劳动保护,2006(6):88-90.

[68] 邓仕仑.美国应急管理体系及其启示[J].国家行政学院学报,2008(3):102-104.

[69] 游志斌.当代国际救灾体系比较研究[D].北京:中共中央党校,2006.

[70] 李格琴.英国应急安全管理体制机制评析[J].国际安全研究,2013,31(2):124-135.

[71] 本刊编辑部,钟开斌.应急管理:跟德国学什么[J].决策,2009(9):56-57.

[72] 吴东平,程万洲.我国突发公共事件应急管理现状[J].中国安全生产科学技术,2009,5(5):173-175.

[73] 王庆义.我国煤矿事故应急救援管理问题探析[J].科技创新与应用,2014(31):129.

[74] 邓军,李贝,李海涛,等.中国矿山应急救援体系建设现状及发展刍议[J].煤矿开采,2013(6):5-9.

[75] 赵承,陈忠华.生命的接力:"王家岭矿3·28"透水事故救援侧记[J].山西煤炭,2010,30(4):15-18.

[76] 姚源,平立华,宋占松.提高我国煤矿水害事故救援能力对策措施[J].煤矿安全,2015,46(1):224-226.

[77] 阎颐.大物流工程项目类制造系统供应链协同及评价研究[D].天津:天津大学,2007.

[78] CHEN R,SHARMAN R,RAO H R,et al.Coordination in emergency response management[J].Communications of the ACM,2008,51(5):66-73.

[79] SAHOH B,CHOKSURIWONG A.Smart emergency management based on social big data analytics[J] Information Technology, 2017, (12):1-6.

[80] SOREN P,AHSAN D.Emergency preparedness and response:insights from the emerging offshore wind industry[J].Safety Science,2020,121:516-528.

[81] GONZALEZ R A.Coordination and its ICT support in crisis response:confronting the information-processing view of coordination with a case study[C]//Proceedings of the 41st Annual Hawaii International Conference on System Sciences (HICSS 2008).January 7-10,2008,Waikoloa,HI,USA.IEEE,2008:28.

[82] HENSTRA D.Evaluating local government emergency management programs:what framework should public managers adopt?[J].Public Administration Review,2010,70(2):236-246.

[83] Pattna.Collaborative emergency management [M]. Washington,DC: Emergency Management,2007.

[84] CARUSON K,MACMANUS S A.Disaster vulnerabilities[J].The American Review of Public Administration,2008,38(3):286-306.

[85] COMFORTLK,SUNGUY,JOHNSOND,et al.Complex systems in crisis:anticipation and resilience in dynamic environments[J].Journal of Contingencies and Crisis Management,2001,9(3):144-158.

[86] Federal Emergency Management Agency（FEMA）,National Emergency Management Association（NEMA）.State Capability Assessment for Readiness（CAR）. 2005:1-99.

[87] ADINI B,GOLDBERG A,LAOR D,et al.Assessing levels of hospital emergency preparedness[J].Prehospital and Disaster Medicine,2006,21(6):451-457.

[88] HALIM A E,BRUNE J F.Do refuge chambers represent a good strategy to manage emergencies in underground coal mines?[J].Mining,Metallurgy & Exploration,2019,36(6):1191-1199.

[89] KONONOVDA.Environmental emergency management[J].IFAC-PapersOnLine,2019,52(25):35-39.

[90] STEWART J M.Managing for World Class Safety[M]. John Wiley & Sons,2001.

[91] MARINCIONIF.Information technologies and the sharing of disaster knowledge:the critical role of professional culture[J].Disasters,2007,31(4):459-476.